Dr. Dieter Semmler

Wohnmobil-Stellplätze
Dänemark

Jütland - Fünen - Seeland

Jetzt auch mit Stellplätzen für Caravan

Reisen mit dem Wohnmobil
Stellplätze in Gemeinden und Städten
Stellplätze am Meer, an Seen und Schwimmbädern
Stellplätze für Angler und Fischer
Farbige Stellplatzfotos
Koordinaten und Straßennamen für die Anfahrt

Wir führen Sie zu den besten und schönsten Stellplätzen

Titelbild: Sportboothafen von Middelfart

1. Auflage 2009
Herausgeber: RID-Verlag, Mühlköppelstraße 18, 63674 Altenstadt
Druck: Druckzentrum Lang, Mainz
Fotos: Stephan Hegemann, Dr. Dieter Semmler, Doris und Wolfgang Lange
Stellplatzrecherchen: Stephan Hegemann, Dr. Dieter Semmler

ISBN 978-3-932538-30-8

EURO MOTORHOME CLUB e.V.

Freizeitclub für niveauvolles Reisen
Vereinigung der Haltergruppe SoKfz Wohnmobil in Europa

▶ Antrag ausfüllen und einsenden an: EURO MOTORHOME CLUB e.V.

Geschäftsstelle des EMHC, Schlosshof 2–6, D-85283 Wolnzach
oder per Fax: 0 84 42 / 22 89

Dürfen wir uns Ihnen vorstellen?!

Der Euro Motorhome Club führt als Untertitel die Bezeichnung „Freizeit Club des niveauvollen Reisens, Vereinigung der Haltergruppe SoKfz in Europa“.

Damit sind unsere Ziele nach innen und außen umrissen:

- Wir bemühen uns, gemeinsame Reisen und Treffen zu veranstalten, für deren Ablauf und Gestaltung wir höhere Standards und damit höhere Ansprüche an uns selbst stellen.
- Wir lieben das gemütliche Beisammensein bei einem guten Glas Wein, einem kühlen Bier und gutem Essen in gepflegte Atmosphäre ebenso, wie das Durchstreifen von Landschaften und Städten in Deutschland und Europa.
- Darüber hinaus sind wir in engem Kontakt zu der Politik und zu Gemeinden ständig bemüht, Einschränkung für die Nutzung von Wohnmobilen im öffentlichen Straßenraum zu beseitigen oder wenigstens zu mindern. Mit dieser Zielrichtung sind wir selbstverständlich für alle Wohnmobilisten – und damit auch für Sie – tätig.

Wir sind grundsätzlich auch für Sie als mögliches Mitglied interessant.

In unserem Club gilt das Motto:
Es kommt nicht auf die Größe des Fahrzeugs an, entscheidend ist, welcher Mensch aus dem Fahrzeug aussteigt. Sie passen zu uns, wenn Sie, wie wir, an gemeinsamen Unternehmungen mit gehobenen Ansprüchen auf gesellschaftlicher und kultureller Ebene interessiert sind. In unseren Reihen finden Sie Ärzte, Beamte, Geistliche, Handwerker, Kaufleute, Rechtsanwälte, Richter und Unternehmer also die ganze Bandbreite möglicher Berufe. Wenn Sie sich angesprochen fühlen, „schnuppern“ Sie doch einmal bei einem unserer nächsten Treffen; so können Sie uns und unser Clubleben wirklich kennen lernen.
Darauf freue ich mich.

Mit freundlichen Grüßen
Rüdiger Zipper, Präsident des EMHC

Hiermit beantrage/n ich/wir die Mitgliedschaft beim EMHC – Euro Motorhome Club e.V.

☐ Herr ☐ Frau ☐ Firma

Firmenname

Vorname/Nachname

Straße/Hausnummer

Land | PLZ | Ort

Telefonnummer tagsüber | Faxnummer | Mobil

E-Mail-Adrese | Internet

Beruf | Geburtsdatum

Privatpersonen

☐ Aktiv-Mitgliedschaft 120,– € ☐ Förder-Mitgliedschaft 30,– €

Nur für Aktivmitgliedschaft:
Ich beantrage die Camping Card International (CCI) ☐ Ja / ☐ Nein
Für die Ausstellung der CCI erforderl. Angaben d. Antragstellers – Angaben nach Personalausweis:

Geburtsort: ____________________

Personalausweis-Nummer: ____________________

Ausstellungsort: ____________________

Die Ausgabe der CCI erfolgt für Mitglieder kostenlos. Die Folgekarte wird mit gesondertem Antrag für weitere 3 Jahre ausgestellt. Bei Erneuerung des Ausweises und bei Neuausstellung der CCI Karte bitte unbedingt die Ausweis-Daten mitteilen! Datenschutz: Die im Antrag enhaltenen Daten werden gespeichert und den Clubmitgliedern im Bordbuch teilweise (Name, Anschrift, Telefon-/Faxnummer, Mobil-Nr.) bekannt gegeben.

Gewerbliche Mitglieder und Personen des öffentlichen Rechts:

☐ Gewerbe (Firmen und Tourismusverbände) 120,– €
☐ Gemeinden (Kommunen, Städte) 60,– €

Eintrag des gewerblichen Mitgliedes in folgende Rubrik:

☐ Fahrzeug-Hersteller – Importeure
☐ Fahrzeughandel/Service/Vermietung/Zulieferer
☐ Camping- und Stellplätze
☐ Dienstleistungen: Fahrschulen/Gutachter/Veranstalter/Verleger/Versicherungen
☐ Wohnmobilfreundliche Gemeinden

Für die Beantragung der Mitgliedschaft und Einzugsermächtigung

Hiermit wird der EMHC widerruflich zum Einzug der Aufnahmegebühr und der jährlichen Beiträge ermächtigt.

Bankleitzahl | Kontonummer | Name und Ort des Geldinstituts

Kontoinhaber, falls abweichend vom Antragsteller | IBAN | BIC

Datum | Unterschrift

Inhaltsverzeichnis

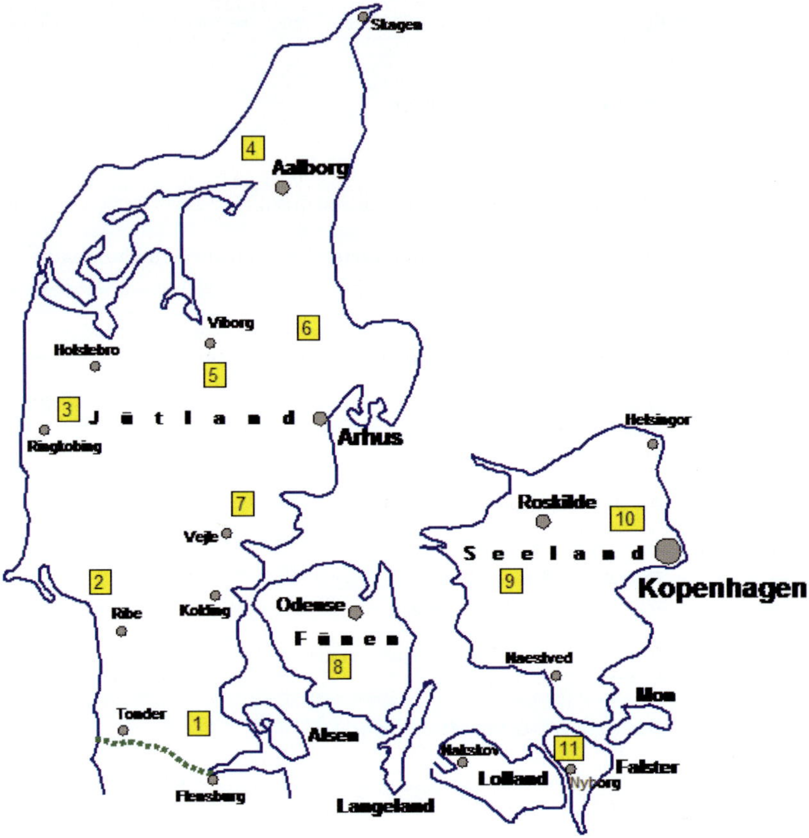

1 **Touren in Dänemark**

Tourenverzeichnis siehe Inhaltsverzeichnis Seite 5

Ein Boot der Strandfischer bei Lokken

Wache am Schloss Amalienborg

Stellplätze für Wohnmobile in Dänemark, die zum Zeitpunkt der Drucklegung bekannt und für einen Aufenthalt geeignet waren, wurden in diesem Buch aufgenommen. Stellplätze, die den einfachsten Anforderungen nicht genügen, z. B. wegen Lärmbelästigung, zu kleiner Plätze, sehr schräger Stellflächen, fehlendem Rangierraum, schmaler Einfahrten, Belegung durch Pkw, wurden nicht in diesem Buch aufgenommen, weil solche Schlaf- und Aufenthaltsplätze den Wohnmobilurlaubern nicht zugemutet werden können. Öffentliche Parkplätze dürfen in Dänemark maximal nur elf Stunden mit Parkscheibe benutzt werden.

Wir führen Sie zu den ruhigsten und schönsten Stellplätzen in Jütland, auf Fünen, Seeland, Mon, Falster und Lolland, zu Stellplätzen in Gemeinden und Städten, zu Stellplätzen mitten in der Natur, zu Stellplätzen am Meer, an Angelseen und Schwimmbädern. Wir führen Sie auch zu den kostenfreien Plätzen. Farbige Stellplatzfotos geben Ihnen einen Eindruck von der Anlage und der Umgebung des Stellplatzes.

In jüngster Zeit wurden auch **Stellplätze für Wohnmobile und Caravan** (Wohnwagen, Gespanne) eingerichtet. Diese Plätze sind in diesem Buch mit dem Caravan-Symbol gekennzeichnet und in einer Caravan-Liste zusammengefasst (siehe Seite 16). Parkplätze wurden nicht in diesem Buch aufgenommen, weil in Dänemark die Übernachtung auf einen Parkplatz nicht erlaubt ist.

Wir unterscheiden bei den **Stellplätzen** zwischen **Übernachtungsplatz, Wohnmobilplatz** und **Wohnmobilpark.**

Übernachtungsplätze sind einfache Plätze, die für Wohnmobile zugelassen oder durch ein entsprechendes Schild für Mobile gekennzeichnet sind. Die Belegung durch Pkw und andere Fahrzeuge ist möglich. Die Aufenthaltserlaubnis beträgt meistens nur eine Nacht.

Wohnmobilplätze oder **Mobilplätze** sind nur für Wohnmobile reservierte Plätze, entweder auf einem Teilbereich oder für den gesamten Parkplatz. Ver- und Entsorgungseinrichtungen sollen vorhanden sein. Stromanschlüsse sind wünschenswert. Die Aufenthaltserlaubnis beträgt meistens 1 - 3 Tage.

Wohnmobilparks oder **Mobilparks** sind durch Bäume, Büsche und Grünanlagen in Abschnitte eingeteilte Plätze. Das Abstellen und Parken anderer Fahrzeuge ist nicht erlaubt. Ver- und Entsorgungseinrichtungen sowie Stromanschlüsse müssen vorhanden sein. Wenderaum und Stellflächen sollen großzügig bemessen sein. Bei Boxeneinteilung sind größere Fahrzeuge zu berücksichtigen (mindestens 5 m x 12 m). Die Aufenthaltserlaubnis beträgt meistens 3 Tage oder ist nicht begrenzt. Sanitäre Anlagen sind bei unbegrenztem Aufenthalt wünschenswert.

Diese Klassifizierung der Plätze ist eine Aussage über die Ausstattung der Plätze und über die Aufenthaltsdauer, nicht aber über die Lage des Platzes. Die Anzahl der Sterne kennzeichnet dagegen die Lage. Alle drei Gruppen, Übernachtungsplätze, Mobilplätze und Mobilparks, sind mit einem, zwei, drei oder vier Sternen bewertet. Die Beurteilung mit **drei Sternen** bedeutet immer eine sehr ruhige und schöne Lage, ausreichend Parkraum, eine gute Zufahrt und Gaststätten und Häuser in der näheren Umgebung. Bei **zwei Sternen** fehlt eines dieser Merkmale, eine ruhige Lage ist aber gewährleistet. Ist der Platz mit nur **einem Stern** eingestuft, so führt meistens eine Straße am Parkplatz vorbei. Solche Plätze sind für eine Übernachtung nur zu empfehlen, wenn sich die Insassen des Wohnmobils durch Verkehrsgeräusche nicht stören lassen. **Vier Sterne** erhält ein sehr schön angelegter Stellplatz, wenn er in einer sehr ruhigen und reizvollen Umgebung liegt und ein erholsamer Aufenthalt gewährleistet ist. In diesem Buch haben 6 Superplätze vier Sterne erhalten. Die Ausstattung kann aber sehr unterschiedlich sein und wird durch die oben ausgeführte Klassifizierung gekennzeichnet. Sehr empfehlenswert sind in Dänemark folgende **Traum-Plätze**:

Stellplatz	Ferienlandschaft	Seite
Gram, Anholt Fiskeso	Südjütland	34
Middelfart, Lystbadehavn	Fünen	115
Hadsund, Sorensen	Mitteljütland	79
Munke Bjergby, Poulsen	Seeland	128
Ribe, Sorkesoen	Westjütland Ribe	41
Spottrup-Vester Haerup	Bootshafen	65

In den Tourenbeschreibungen, in den Tabellen und im Stellplatzverzeichnis (Seite 153) sind die Stellplätze für Wohnmobil und Caravan durch Fettdruck gekennzeichnet. Im Stellplatzteil des Buches sind die für Wohnmobile eingerichteten Plätze (Übernachtungsplätze, Mobilplätze, Mobilparks) durch das Wohnmobil-Symbol ausgezeichnet. Die Plätze für Wohnmobil und Caravan haben zusätzlich das Caravan-Zeichen erhalten.

Oft haben Fahrer großer Wohnmobile Schwierigkeiten, Wohnmobilplätze mit schmalen Zufahrten anzufahren, durch enge Einfahrten zu gelangen, auf den Plätzen zu rangieren und zu wenden oder auf einer zu kleinen Stellfläche einzuparken. Wir haben in der Beschreibung der Plätze auf solche Schwierigkeiten durch die Vermerke "Für große Wohnmobile nicht geeignet" (ab 8 Metern Länge) und "Für sehr große Wohnmobile nicht geeignet" (ab 10 Metern Länge) hingewiesen. Auch Höhen-, Breiten- und Gewichtsbegrenzungen sind in den Beschreibungen der Stellplätze zu finden.

Die Gemeindenverwaltungen verlangen nicht immer eine Gebühr. Kostenfreie Stellplätze finden Sie in der **Null-Liste** (Seite 12). In Dänemark gibt es einige Angelteiche mit Übernachtungsplätzen für Wohnmobile. Diese Stellplätze finden Sie in der **Angelliste** (Seite 13). Wohnmobilplätze in den dänischen Gemeinden und Städten sind in der **Städteliste** (Seite 14) zusammengefasst. Wohnmobilplätze am Meer, an einem See oder an einem Schwimmbad sind in der **Strandliste** (Seite 15) zu finden.

Es kann in Dänemark Schwierigkeiten mit der Ver- und Entsorgung des Wohnmobils geben. Auf den Autobahn-Raststätten sind oft Ver- und Entsorgungseinrichtungen vorhanden. Deshalb wurden diese Plätze als Wohnmobil-Übernachtungsplätze im Textteil ebenfalls aufgenommen. Wasser ist an den meisten privaten Stellplätzen, an den Tankstellen und in Häfen für Sportboote zu bekommen. Müll kann überall in Müllbehälter entleert werden.

Alle Stellplätze sind im Verlaufe der Routen durchgehend nummeriert und mit Beschreibung, Anfahrt und Hinweisen versehen. Den einzelnen Reiserouten ist eine Skizze vorangestellt, aus der die Lage und Nummer der Stellplätze zu erkennen ist. Der Pfeil zeigt auf den Ort des Stellplatzes.

Die Anfahrt zu den Stellplätzen wurde, wie in allen unseren Wohnmobil-Stellplatzführern, genau beschrieben, um jedem die Anfahrt zu den Stellplätzen zu ermöglichen. Für die Besitzer eines Navigationsgerätes wurden die notwendigen Daten (Bezeichnungen, Straßennamen und/oder GPS-Koordinaten) der Stellplätze angegeben. Für einige Plätze außerhalb der Ortschaften, z. B. am Strand, gibt es keine Straßennamen. Diese Plätze können mit einem Navigationsgerät nur nach den Koordinaten erreicht werden. Die Koordinaten sind in Grad und Minuten angegeben (60 Minuten entsprechen 1 Grad). Navigationsgeräte, die nur Zehntel-Grade statt Minuten angeben, verlangen eine entsprechende Umrechnung. Unsere Anfahrtbeschreibung führt Sie jedoch ohne Navigation sicher zu allen Stellplätzen.

Ein Maßstab für die Größe des **Stellplatzes** ist die Zahl der angegebenen Stellflächen. Bei diesen Angaben wird aber eine Belegung der Hälfte der Parkflächen von Übernachtungsplätzen durch Pkw angenommen, was wohl selten zutrifft. Es muss berücksichtigt werden, dass Übernachtungsplätze an Sportstätten zur Zeit einer Veranstaltung und Stellplätze an Schwimmbädern in der

Saison am Tage durch Pkw belegt sein können. In der Saison und an Wochenenden sollten solche Plätze abends angefahren werden. Auch Mobilplätze werden manchmal durch Pkw belegt, obwohl die Parkflächen für Wohnmobile reserviert sind. Die Stellplatzmöglichkeiten sind für 3, 5, 10, 20, 30 und 50 Wohnmobile gestaffelt. Falls die Zahl der Wohnmobilplätze am Platz angegeben oder gekennzeichnet ist, wird die genaue Zahl der Plätze aufgeführt. Sehr große Wohnmobile sollten die Stellplätze für 3 und 5 Wohnmobile und die Plätze mit schmalen Zufahrten nicht anfahren, weil möglicherweise der Platz belegt ist und Wendemanöver nur unter Schwierigkeiten ausgeführt werden können.

Für jede Route ist eine Tabelle der Stellplätze zusammengestellt, aus denen Sie den für Sie geeigneten Platz auswählen können. Die Tabelle gibt Auskunft über die Lage und Größe des Platzes, über die Entfernung zum Ortszentrum, über die Aufenthaltsdauer und über die nähere Umgebung, zum Beispiel über Häuser, Gaststätten, Toiletten, Strände oder Seen. Die Preise ändern sich oft nach oben. Es muss deshalb mit Abweichungen von den Preisen zur Zeit der Drucklegung gerechnet werden.

Für die Tabellen gelten folgende Legenden:

****	sehr ruhige und sehr schöne Lage.
***	sehr ruhige und schöne Lage.
**	ruhige und gute Lage.
*	keine ruhige Lage.
A	Stellplätze gestaffelt nach 3, 5, 10, 20, 30, 50, 100 Wohnmobilen. Dabei wird bei Übernachtungsplätzen angenommen, dass nur die Hälfte des Platzes zur Verfügung steht und die andere Hälfte durch andere Fahrzeuge belegt ist.
B	Fußweg in Minuten, x bedeutet über 15 min Fußweg.
C	Aufenthaltsdauer in Tagen.
D	Stellplatzgebühr in Dänischen Kronen pro Wohnmobil und 24 Stunden oder Parkgebühr.
P	Parkgebühr in der Saison.
T	Aufenthaltsdauer einige Tage.
U	Aufenthaltsdauer unbegrenzt.
fett	Übernachtungsplatz, Wohnmobilplatz oder Wohnmobilpark.

Sobald uns **wichtige Änderungen** auf den Stellplätzen in Dänemark bekannt werden, veröffentlichen wir diese Änderungen **auf unserer Internet-Seite www.ridverlag.de** unter dem Schalter **News**, so dass Sie rechtzeitig Ihre Reiseplanung ändern können. Wichtige Änderungen sind z. B. neue Stellplätze, Abschrankungen, Verlegungen, Ver- und Entsorgungsanlagen. Ständige Änderungen, wie Preiserhöhungen, werden nicht veröffentlicht.

Unterwegs und doch zu Hause, an den schönsten Orten Europas, wo immer unsere Reise hingeht, wir verbringen unsere Tage im eigenen Haus, mal am Meer, mal in den Bergen, mal in einer Stadt, ganz nach Lust und Laune. Wir sammeln vielfältige Eindrücke in unterschiedlichen Regionen, ohne täglich die Koffer zu packen.

Wir wünschen unseren Lesern erlebnisreiche Tage, ruhige Nächte und einen erholsamen Urlaub in Dänemark, aber auch in Deutschland, Frankreich, Österreich, Belgien, Holland, Luxemburg, Italien, Spanien oder Griechenland. Von diesen Ländern können wir für unbeschwertes, mobiles Reisen Stellplatzführer zur Verfügung stellen.

Bilderbogen aus unseren Stellplatzführern

An der Küste der Toskana

An der Küste der Bretagne

An der Küste des Atlantiks

An der Costa del Sol

Null-Liste

Stellplätze ohne Gebühren

Ort	Bezeichnung	Seite
Bogo By	Raststätte Faro	150
Bronderslev	Raststätte Vildmose Ost	68
Bronderslev	Raststätte Vildmose Vest	68
Ferritslev	Christensen	119
Fredericia	Lkw-Stellplatz	107
Grinsted	Bibliotek	47
Haslev	Raststätte Fiberhus Vest	147
Hedehusene	Amfiteatret	139
Hjallerup	Raststätte Hjallerup Ost	74
Karlslunde	Karlslunde Ost	140
Karlslunde	Karlslunde Vest	140
Kolding	Raststätte Harte Nord	108
Kolding	Raststätte Harte Syd	108
Kolding	Raststätte Hylkedal Ost	109
Kolding	Raststätte Hylkedal Vest	109
Korsor	Lkw-Stellplatz	125
Korsor	Lkw-Stellplatz	126
Lundby Udby Krog	Gasthaus	147
Mundelstrup	Raststätte Blankhoj	95
Mundelstrup	Raststätte Petersminde	94
Munke Bjergby	Poulsen	128
Nordborg	Ortsplätze	27
Norre Aaby	Rastst. Lillebaelt Nord	115
Norre Aaby	Rastst. Lillebaelt Syd	116
Norre Snede	Schultz	102
Padborg	Raststätte Froslev Ost	26
Padborg	Raststätte Froslev Vest	26
Randers	Raststätte Gudena Ost	92
Randers	Raststätte Gudena Syd	92
Ringkobing	Jensen	56
Rodding-Jels	Nils Braendekilde	35
Rodekro	Raststätte Arslev Ost	29
Roslev	Bak	65
Skanderborg	Raststätte Bavnehoj Ost	95
Skanderborg	Raststätte Bavnehoj Vest	96
Soro	Raststätte Tuelso Nord	127
Soro	Raststätte Tuelso Nord	127
Tappernoje	Raststätte Tappernoje Ost	148
Tappernoje	Rast. Tappernoje Vest	148
Tarm-Hoven	Museum	54
Tarm-Hoven	Hoven Hallen	54
Tars	Wohnmobilhändler	70
Vandel	Dagli' Brugsen	103
Varde	Fritidscenter	43
Vejle-Lindet	Raststätte Skaerup Ost	106
Vejle-Lindet	Raststätte Skaerup Vest	107
Videbaek-Vorgod	Autowerkstatt	57
Vissenbjerg	Rastst. Kildebjerg Nord	116
Vissenbjerg	Rastst. Kildebjerg Syd	117
Vojens	Autobahn E45 Ost	30
Vojens	Autobahn E45 Vest	30

Angelliste

Wohnmobilplätze an Angelteichen

Albaek, Bootshafen	Nordjütland	71
Brande-Blahoj, Kalshoj	Westjütland	53
Dronninglund-Flauenskold, Wohnmobilhafen	Nordjütland	70
Ferritslev, Christensen	Fünen	119
Gram, Anholt Fiskeso	Südjütland	34
Haderup-Farbaek, Angelteich	Westjütland	58
Humlebaek, Dvinge	Ostseeland	137
Humlum A Molle,Museum und Mühle	Westjütland	59
Karup, Jensen	Mitteljütland	82
Karup-Hagebro, Slaegtsgarden	Mitteljütland	82
Kjellerup, Lyngso	Mitteljütland	86
Norre Alslev, Jacobsen	Falster	151
Norre Nebel, Klovergarden Fischteich	Westjütland	46
Ribe, Sorkesoen	Südjütland	41
Ringkobing, Jensen	Westjütland	56
Ringkobing-Hee, Fiske & Familienpark West	Westjütland	56
St. Fuglede, Christiansen	Westseeland	128

Städteliste

Stellplätze in der Nähe der Ortszentren

Die Meerjungfrau in Kopenhagen

Strandliste

Stellplätze am Meer, an einem See oder am Schwimmbad

Ort	Bezeichnung	Seite
Aabenraa	Lystbadehavn	28
Albaek	Bootshafen	71
Asaa	Bootshafen	73
Bedsted Thy	Gudnaesgard	67
Blavand	Strand Ferienpark	45
Borre	Jachthafen	149
Glesborg	Lystbadehavn	93
Greve	Lystbadehavn	139
Hadsund	Sorensen	79
Humlum A Molle	Museum und Mühle	59
Hundested	Bootshafen	136
Hundested Lynaes	Bootshafen	136
Juelsminde	Bootshafen	105
Kalvehave	Lystbadehavn	149
Lemvig-Ramme	Möbelgeschäft	59
Middelfart	Lystbadehavn	114
Nakskov Tars	Jachthafen	152
Nykobing Moers Ejerslev	Dissing	66
Nykobing Sjaelland	Bootshafen	129
Saeby-Voersa	Bootshafen	73
Skodstrup	Kalovig Badehavn	94
Snedsted Skyum	Foget	67
Snedsted Skyum	Nielsen	66
Spottrup Vester Haerup	Bootshafen	65
St. Fuglede	Christiansen	128
Tonder	Nissen	32
Tranekaer Ennebolle	Laugensen	118
Varde	Fritidscenter	43

Caravanliste - Stellplätze für Wohnmobil und Caravan

Bylderup-Bov, Autocamperpark	Südjütland	31
Frederikshavn, Bootshafen	Nordjütland	72
Frederikshavn-Kvissel, Hansen	Nordjütland	71
Gadbjerg, Lindbjerg	Ostjütland Vejle	103
Gilleleje, Christensen	Ostseeland	137
Hojer, Landboturisme Daler	Südjütland	32
Norre Nebel-Lunde, Ravn	Westjütland Ribe	46
Norre Snede, Blauw	Ostjütland Vejle	102
Ribe, Sorkesoen	Westjütland Ribe	41
St. Fuglede, Christiansen	Westseeland	128

Wohnmobil- und Caravanplatz in Byderup Bov

QuickStop-Stellplätze

Plätze vor der Schranke des Campingplatzes von 20-10.00 Uhr

Die QuickStop-Plätze sind Stellplätze für Wohnmobile zu ermäßigten Preisen zwischen 100 und 150 Dkk pro Übernachtung vor der Schranke eines Campingplatzes. Die Ankunft darf nicht vor 20.00 Uhr, die Abreise muss bis 10.00 Uhr am nächsten Morgen erfolgen. Ver- und Entsorgungseinrichtungen für Wohnmobile sind meisten auf dem Campingplatz vorhanden. Es kann sinnvoll sein, am Tage einen Parkplatz am Strand oder in der Stadt zu benutzen und ab 20.00 Uhr einen bekannten QuickStop-Platz für die Nacht aufzusuchen. Für einen Urlaubstag kommen solche Plätze nicht in Betracht. Deshalb sind die QuickStop-Plätze in diesem Stellplatzführer nur als Liste aufgeführt. Aus der Liste entnehmen Sie den Ort, den Namen und die Nummer des Platzes. Auf vielen Dänemark-Landkarten sind Campingplätze und ihre Nummer angegeben, so dass Sie leicht den Ort auffinden können. Auch die Öffnungszeiten der Quickstop-Plätze sind zu beachten.

Ort	**Bezeichnung**	**Nr.**	**Öffnungszeit**	**Region**
Aabenraa	Fjordlyst Camping	393	01.01. - 31.12.	Südjütland
Aalborg	Aalborg Camping & Hytheo	821	01.01. - 31.12.	Nordjütland
Aarhus	Aarhus Camping	693	01.01. - 31.12.	Ostjütland
Allinge	Sandkaas Familiecamping	083	01.04. - 22.10.	Bornholm
Asperup	Skovlund Camping	260	04.04. - 23.09.	Fünen
Augustenborg	Naldmose Camping	441	01.01. - 31.12.	Alsen
Broager	Gammelmark Strand Camping	417	31.03. - 21.10.	Südjütland
Boeslunde	Campinggaarden Boeslunde	110	30.03. - 30.09.	Westseeland
Dronningmolle	Strandcamping	021	31.03. - 16.09	Ostseeland
Ebeltoft	Blushoj Camping Ebeltoft	707	31.03. - 16.09	Ostjütland
Ebeltoft	Krakoer Camping	710	01.04. - 21.10.	Ostjütland
Ebeltoft	Rugaard Camping	712	30.03. - 16.09.	Ostjütland
Farso	Myrhoj Camping	935	01.04. - 31.10.	Nordjütland
Grenaa	Frnoes Camping	721	31.03. - 23.09.	Ostjütland
Haderslev	Gasevig Strand Camping	390	30.03. - 30.09.	Südjütland
Hadsund	Hadsund Camping	920	01.04. - 31.10.	Nordjütland
Hadsund	Oster Hurup Camping	923	04.04. - 16.08.	Nordjütland
Hanstholm	Hanstholm Camping	654	01.01. - 01.10	Nordjütland
Hejls	Hejlsminde Strand Camping	379	31.03. - 16.09.	Südjütland
Hemmel	Bork Havn Camping	556	31.03. - 01.11.	Westjütland
Hesselager	Bosore Strand Ferienpark	323	31.03. - 22.10.	Fünen
Hirthals	Tornby Strand Camping	965	01.04. - 01.10.	Nordjütland

Ort	Bezeichnung	Nr.	Öffnungszeit	Region
Hojer	Vadehavs Camping	408	30.03. - 21.10.	Südjütland
Horbelev	Falster Familiecamping	199	01.01. - 31.12.	Falster
Hundested	Rosenholm Camping	039	01.01. - 31.12.	Ostseeland
Hvide Sande	Hvide Sande Camping	569	30.03. - 28.10.	Westjütland
Hvide Sande	Nordso Camping & Badeland	572	30.03. - 28.10.	Westjütland
Jyderup	Skarreso Camping	131	23.03. - 23.09.	Westseeland
Kerleminde	Kerleminde Camping	245	04.04. - 16.09.	Fünen
Korsor	Lystskov Camping	106	01.04. - 01.10.	Westseeland
Lemvig	Lemvig Strand Camping	638	30.03. - 16.09.	Westjütland
Lokken	Camping Rlighed	800	31.03. - 23.09.	Nordjütland
Lokken	Gl. Klitgaard Camping & Hytteby	892	01.01. - 31.12.	Nordjütland
Lokken	Gronhoj Strand Camping	879	31.03. - 09.09.	Nordjütland
Lokken	Ledefgaard Camping & Motel	891	01.05. - 31.08.	Nordjütland
Malling	Ajstrup Srand Camping	696	31.03. - 16.09.	Ostjütland
Middelfart	Vejlby Fed Camping	261	31.03. - 16.09.	Fünen
Nakskov	Albuen Strand Camping	218	01.04. - 23.09.	Lolland
Nexo	Dueodde Camping	067	15.05. - 20.09.	Bornholm
Nimtofte	Djurs Hytteby & Camping	728	03.05. - 03.09.	Ostjütland
Nordborg	Augustenhof Srand Camping	434	01.01. - 31.12.	Alsen
Nordborg	Kobingsmark Strandcamping	436	31.03. - 30.09.	Alsen
Norre Aaby	Ronaes Strand Camping	271	31.03. - 16.09.	Fünen
Norre Nebel	Nymindegab Familie Camping	523	31.03. - 30.09.	Südjütland
Nyborg	Nyborg Strandcamping	316	21.04. - 23.09.	Fünen
Nykobing	Falster City Camping	190	01.04. - 01.11.	Falster
Odder	Odder Strand Camping	699	01. 04. - 24.09.	Ostjütland
Ostbirk	Vestbirk Camping	783	31.03. - 23.09.	Mitteljütland
Otterup	Hasmark Strand Ferienpark	255	31.03. - 21.10.	Fünen
Ringkobing	Aeblehavens Camping	564	30.03. - 23.09.	Westjütland
Ringkobing	Sondervig Camping	566	31.03. - 28.10.	Westjütland
Rudkobing	Billevoenge Camping	331	31.03. - 21.10.	Langeland
Rudkobing	Foergegardens Camping	334	01.01. - 31.12.	Langeland
Ry	Birkhede Camping	764	04.04. - 15.09.	Mitteljütland
Sindal	Sindal Camping	966	01.04. - 18.09.	Nordjütland
Sjolund	Gronninghoved Strand Camping	377	04.04. - 15.09.	Südjütland
Skagen	Robjerg Camping	990	01.04.- 15.09.	Nordjütland
Skarup	Skarupore Camping	327	01.05. - 01.09.	Fünen
Stege	Keldby Camping Mon	181	01.04. - 21.10.	Mon

Ort	Bezeichnung	Nr.	Öffnungszeit	Region
Stroby	Stevns Camping	153	01.01. - 31.12.	Südseeland
Struer	Humlum Fiskeri & Camping	634	30.03. - 30.09.	Westjütland
Svendborg	Carlsberg Camping	307	01.04. - 30.09.	Fünen
Sydals	Drejby Strand Camping	453	23.03. - 21.10.	Alsen
Thisted	Thisted Camping	645	31.03. - 31.10.	Nordjütland
Thisted	Vildsund Camping	646	01.04. - 23.09.	Nordjütland
Tranekaer	Lohals Camping	343	01.04. - 01.10.	Langeland
Ulfborg	Rejkjaer Camping	582	01.01. - 31.12.	Westjütland
Uldborg	Thorsminde Camping	583	30.03. - 21.10.	Westjütland
Ulfborg	Vederso Klit Camping	580	01.04. - 28.10.	Westjütland
Vejers Strand	Vejers Familie Camping	532	30.03. - 16.09.	Westjütland

Rauhe See am Skagerrak

Rudbjergknude an der Nordsee

Zwischen den Meeren

Der Süden Jütlands

Tour 1

In Südjütland (Sonderjylland) bestimmen im Osten an der Ostsee kleine Fjorde, flache Küstenabschnitte und Inseln das Landschaftsbild. Die langen Sandstrände und die vielen Buchten laden zum Schwimmen, Surfen und Segeln ein. Leidenschaftliche Angler finden nicht nur an der Küste ihr Revier, sondern können auch an vielen Angelteichen ihrem Hobby nachgehen. Wander- und Radwanderwege laden zu längeren Touren in der flachen Landschaft ein.

Im Westen von Südjütland wartet die blaue Nordsee auf Touristen und aktive Urlauber, gesäumt von unendlich langen, breiten, weißen Sandstränden, abgegrenzt von welligen Sanddünen. Kleine, vom Wind abgeschirmte Mulden im Dünengürtel versprechen Ruhe und Entspannung, eine Einladung zum Sonnenbaden. Der breite Strand ist ein Buddelrevier für Kinder, Tummelplatz für Ballspiele, Liegeplatz für Surfbretter und Boote und Ruheraum für Schwimmer nach dem Badevergnügen.

Die Grenze zu Dänemark überschreitet man im Südosten Jütlands am besten auf der Autobahn bei Flensburg. An der Raststätte Froslev kann das Mobil ver- und entsorgt werden (**SJ-1** und **SJ-2**). Ein Geldumtausch in Dänische Kronen ist erforderlich, weil sich Dänemark noch nicht der Euro-Zone angeschlossen hat. Im Grenzgebiet versteht fast jeder Däne die deutsche Sprache. In Krusaa-Kollund kann auf einem privaten Stellplatz übernachten werden (**SJ-3**). Allerdings führt eine Straße an dem Platz vorbei.

Alsen (Als), die Insel zwischen der Flensburger Förde und dem Kleinen Belt, ist über eine Brücke bei Sonderborg zu erreichen. Die Rundfahrt über die Insel nimmt einige Stunden in Anspruch. An der Ostseite bestimmt am Kleinen Belt Steilküste das Landschaftsbild. Badegäste und Wassersportler fahren besser zur Süd- und Westküste, eine durch Fjorde und Buchten zerklüftete Landschaft mit vielen guten Stränden. An den flachen, kinderfreundlichen Stränden laufen die Wellen sanft aus. Die Halbinsel Kegnaes ist durch einen Damm mit Als verbunden. In der kleinen Stadt Nordborg oder im Ortsteil Mjels besteht die Möglichkei auf Alsen zu übernachten (**SJ-4** und **SJ-5**). Fährt man wieder zurück aufs Festland so empfieht sich ein längerer Aufenthalt am Sportboothafen (Lystbadehavn) in Apenrade (Aabenraa) (**SJ-6**). Der Blick schweift über die See, die Gaststätte serviert gute Fischgerichte und ein Gang in die Stadt bringt viel Abwechslung, gute Einkaufsmöglichkeiten und die Besichtigung sehenwerter Baudenkmäler. Zur Ver- und Entsorgung fährt man auf die Raststätten Arslev Ost (**SJ-7**) oder Ustrup (**SJ-8** und **SJ-9**).

Der breite Aabenraafjord verbindet die Stadt mit dem Kleinen Belt. Vom Wohlstand der Reedereien im 18. und 19. Jahrhundert zeugen noch heute stolze Kapitänshöfe und schmucke Bürgerhäuser. Besonders sehenwert sind die Buddelschiffe und die Souvenirs aus aller Welt und aus der Bronzezeit das Skelett des Mannes von Nybol in der Schifffahrtsabteilung des Aabenraamuseums. In der Fußgängerzone besichtigt man die Kirche St. Nikolai mit einem romanischen Taufstein aus dem Jahr 1642 und den Hauptmarkt (Storetorv) mit dem Rathaus von 1830 und liebevoll restaurierten Bürgerhäusern. Südlich der Stadt wurde das Schloss Brundland 1411 für Königin Margrethe I. erbaut, heute ein Museum für dänische Kunst. Im Schloss Grasten, an der Flensburger Förde, erbaut um 1600, stehen nach einem Großbrand heute nur noch die Schlosskapelle und vier Türme. Im Papiermuseum von Grasten kann man ein vollständiges Märchenland aus Papier und viele beindruckende Scherenschnitte bewundern.

Auf dem Wege zur Nordseeküste bestehen in Bylderup Bov zwei Übernachtungsmöglichkeiten (**SJ-10** und **SJ-11**). Auf der Wiese des Autocamperparks könnnen auch Caravan-Gespanne bleiben, dort ver- und entsorgen und sich mehrere Tage im Grünen an einem Gehöft aufhalten.

Südjütland

Einige Kilometer westlich von Tondern (Tonder) hat die Familie Nissen einen privaten Stellplatz eingerichtet, der allerdings von der Straße Flensburg-Tondern nicht weit entfernt ist (**SJ-12**). Die Stadt ist ein beliebtes Ziel für deutsche Grenztouristen, denn die deutsch-dänische Grenze ist nur 5 km entfernt. Im Mittelalter wurde mit dem Seehandel von Getreide und Vieh gutes Geld verdient. Inzwischen ist die Zufahrt zum Meer versandet. Danach wurde die weltbekannte Klöppelei eine Attraktion von Tondern. Vom Wohlstand zeugen noch heute die Villen der Reichen und die Portale an den Häusern der Patrizier.

In Tondern sind viele Sehenswürdigkeiten aus den vergangenen Jahrhunderten zu besichtigen: Drohses Hus, ein 1672 erbautes Haus mit prächtigem Giebel, die Uldgade, eine Gasse mit niedrigen, einstöckigen Giebelhäusern und kleinen Erkern, das Deichgrafenhaus mit einer reich gegliederten Fassade, ein alter Wasserturm als Ausstellungsort für den Möbeldesigner Hans Jorgen Wegner, das Tondermuseum im Torhaus des ehemaligen Schlosses mit großartigen Klöppelarbeiten, Trachten, Fayencen und Tischsilber. Die 48 Meter hohe Christuskirche diente früher nicht nur als Gotteshaus, sondern auch als Seezeichen und Leuchtturm für die Schifffahrt. Am Marktplatz wurde früher öffentlich an der Figur Kagmanden die Prügelstrafe vollstreckt. Kunsthandwerkliche Erzeugnisse aus Keramik, Glas und Textilien und altertümliche Haushaltswaren kann man in Det gamle Apotek, ein sehenswerter Patrizierbau mit einem Apothekenmuseum, erwerben.

In Mögeltonder, einem beliebten Ausflugziel fünf Kilometer westlich von Tondern, scheint die Zeit seit einigen Jahrhunderten stillzustehen. Für diese Idylle aus längst vergangenen Zeiten sind die strohgedeckten Backsteinhäuser an der Dorfstraße, die alten Lindenbäume vor den Häusern und das uralte, unregelmäßige Kopfsteinpflaster verantwortlich. Das Schackenborg Schloss am Rande des Dorfes ist Privatbesitz und kann nicht besichtigt werden. Durch den Schlosspark finden Führungen statt.

Im Freizeitpark Sommerland Syd in Terkelsbol bei Tinglev erwartet Kinder und Erwachsene viel Spektakel. Prärieexpress, ein Piratenschiff, schnelle Gokarts, afrikanische Tiere, Bootsvergnügen und Wasserrutschen sind die Höhepunkte im Freizeitpark.

Nördlich von Tondern ist in Logumkloster ein Zisterzienserkloster aus dem Jahre 1173 zu besichtigen. Von den Gebäuden sind heute noch die Kirche, der Kapitelsaal, die Sakristei und die Bibliothek erhalten. Seit 1548 ist das Kloster ein Gutsbetrieb. Die romanisch-gotische Kirche wirkt auf die Besucher vor allem durch das Backsteinmauerwerk, die spitzbogigen Fenster, die schlanken Pfeiler, den Flügelaltar, das gotische Triumphkreuz und die Kanzel mit den Reliefs der Tugenden.

Auf dem Wege zur Nordseeküste sollte man Hojer besuchen, ein Dorf mit vielen reetgedeckten alten Häusern und einer 30 Meter hohen holländischen Mühle. Im Molle & Marsk Museum erhält man Informationen über das Wattenmeer, die Gezeiten und die Mühlen in der Marschlandschaft. An der Hojerschleuse sind alle Höchststände der Sturmfluten markiert. Einen ruhigen Aufenthalt verspricht der Stellplatz für Wohnmobil und Caravan in Hojer-Daler (**SJ-13**).

Ein beliebtes Urlaubsziel sind die endlosen Sandstrände der Insel Romo. Bunte Drachen, die Segel der Kitesurfer im Wasser und der Kitesegler auf dem Lande ziehen die Aufmerksamkeit auf sich. Sonnenanbeter und Badegäste bevölkern den Strand. Wanderer und Naturfreunde durchstreifen Dünen, Heideflächen und Wälder im Hinterland der Küste. Im Osten der Insel sind große Wattflächen und viele Vogelkolonien zu erkunden. Die Insel ist seit 1948 mit dem Festland durch einen zehn Kilometer langen Damm verbunden.

Der Kapitänshof in Toftum zeigt die Geschichte des Walfang vor Grönland und Spitzbergen im 17. bis zum 19. Jahrhundert durch die Einwohner von Romo. Die St.-Clemens-Kirche in Kirkeby ist dem Schutzpatron der Kapitäne und Matrosen geweiht. Votivgaben wurden von wohlhabenden Schiffsführern gestiftet, die aus großer Seenot gerettet wurden. Auf dem Friedhof neben der Kirche haben die Kapitäne ihre letzte Ruhestätte gefunden.

Südjütland

Von Havneby im Süden der Insel, ein moderner Fischereihafen, verkehren Fähren nach List auf Sylt. Gäste dürfen im Mobil auch über Nacht am Fähranleger auf ihr Schiff am nächsten Morgen warten. Leider gibt es auf der Insel nur zwei Quickstop-Plätze, eine Möglichkeit nach einem Badetag diese Plätze nach 20.00 Uhr anzufahren und am nächsten Morgen wieder rechtzeitig zu verlassen.

Am Anholter Fischteich

Landeinwärts findet man in Toftlund einen Übernachtungsplatz (**SJ-14**) und in Gram gleich drei Stellplätze, am Tiset Gro neben einer Gaststätte (**SJ-15**), am Anholter Fischteich (**SJ-16**) und an einem Gehöft (**SJ-17**). Der Platz für Angler im rollenden Haus liegt besonders ruhig und schön in einer reizvollen Umgebung. Wohnmobilurlauber, die keine Fische aus dem Teich ziehen wollen, erwerben zusätzlich eine einfache Angelkarte für 40 Kronen, um die Aufenthaltsgenehmigung zu erhalten.

Eine Ver- und Entsorgungsstation steht den Wohnmobiltouristen beim Wohnmobilhändler Nils Braendkilde in Jels zur Verfügung (**SJ-18**). Selbstverständlich kann man dort auch übernachten, wenn man sich nicht durch die Verkehrsgeräusche zweier Straßen stören lässt.

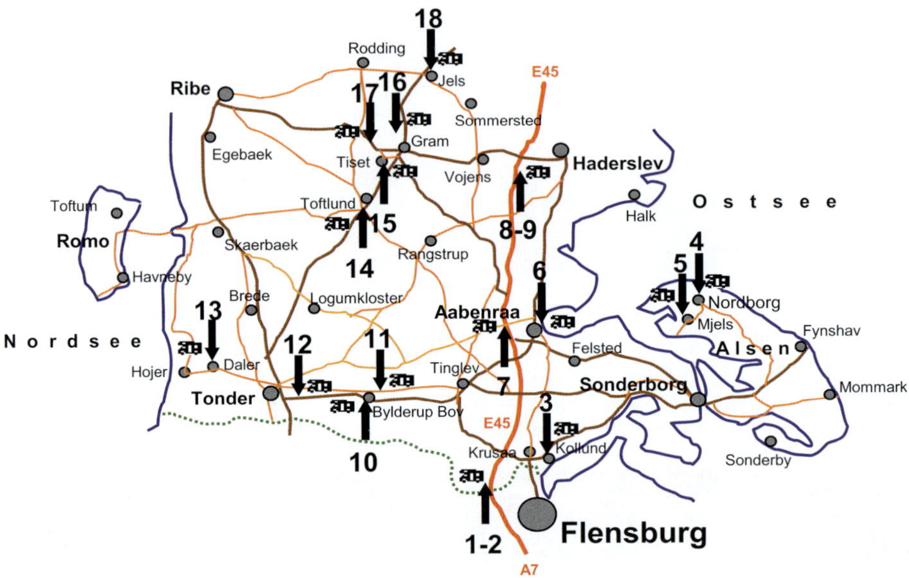

Tour 1

Südjütland

Tour 1: **Südjütland**

Nr.	Ort, Bezeichnung	Stell-plätze A	Gast-haus	Häu-ser	WC	Bad See	Orts-nähe B	Ent-sorg.	Park-dauer C	Park-gebühr D
SJ-1	Padborg, Raststätte Froslev Vest *	10	+	-	+	-	x	+	1	0
SJ-2	Padborg, Raststätte Froslev Ost *	10	+	-	+	-	x	+	1	0
SJ-3	Krusaa Kollund, Lindegaard *	3	-	+	-	-	x	-	1	50
SJ-4	Nordborg, Ortsplätze **	3	-	+	-	-	x	-	1	0
SJ-5	Nordborg Mjels, Pommersgard **	5	-	+	-	-	x	+	1	50
SJ-6	Aabenraa, Lystbadehavn ***	5	+	+	+	+	x	+	U	110
SJ-7	Rodekro, Raststätte Arslev Ost *	10	+	-	+	-	x	+	1	0
SJ-8	Vojens, Raststätte Ustrup Ost *	10	+	-	+	-	x	+	1	0
SJ-9	Vojens, Raststätte Ustrup Vest *	10	+	-	+	-	x	+	1	0
SJ-10	Bylderup Bov, Boskov ***	3	-	+	-	-	x	+	U	50
SJ-11	Bylderup Bov , Autocamper ***	20	-	+	-	-	x	+	U	P
SJ-12	Tonder, Nissen *	3	-	+	+	-	x	-	U	50
SJ-13	Hojer, Landboturisme ***	50	-	+	+	-	x	+	U	110
SJ-14	Toftlund, Enemark **	5	-	+	+	-	x	+	1	P
SJ-15	Gram Tiset, Tiset Kro **	5	+	+	+	-	8	-	1	P
SJ-16	Gram Anholt, Anholt Fiskeso ****	30	-	+	+	-	x	-	U	100
SJ-17	Gram, Annemettes Bondegard **	3	+	+	+	-	x	+	T	100
SJ-18	Rodding Jels, Nils Braendekilde *	5	+	+	-	-	x	+	1	0

Legende

****	sehr ruhige und sehr schöne Lage.
***	sehr ruhige und schöne Lage.
**	ruhige und gute Lage.
*	keine ruhige Lage.
A	Stellplätze gestaffelt nach 3, 5, 10, 20, 30, 50 Wohnmobilen. Dabei wird angenommen, dass nur die Hälfte des Platzes zur Verfügung steht und die andere Hälfte durch PKW belegt ist.
B	Fußweg in Minuten, x über 15 min Fußweg.
C	Aufenthaltsdauer in Tagen.
D	Stellplatzgebühr in Dänischen Kronen pro Wohnmobil und 24 Stunden oder Parkgebühr.
P	Parkgebühr in der Saison.
T	Aufenthaltsdauer einige Tage.
U	Aufenthaltsdauer unbegrenzt.

6330 Padborg Autobahn E45 Froslev Vest * SJ - 1

Übernachtungsplatz an der Raststätte Froslev Vest.

Von der Auffahrt 76 (Padborg 2) in südliche Richtung zur Raststätte Froslev Vest fahren und an der Ausfahrt 76 (Padberg 1) wieder abfahren.
Koordinaten: 54° 49,91 ' Nord, 9° 19,96' Ost.

Raststätte am Platz.
Tankstelle, Autoservice und Verkaufsshop Q8.
Ebene Stellflächen für 10 Mobile.
Keine Parkgebühr.
Ver- und Entsorgung am Stellplatz.
Wasserversorgung und WC am Platz.
Mülltonnen am Stellplatz.
Aufenthaltsdauer 1 Nacht.
Besichtigung von Aabenraa: Nicolai Kirke, Storetorv (Rathaus), Aabenraa Museum: Buddelschiffe, Bronzezeit, dänische Gemälde.
Besichtigung von Brundland Slot.
Ausflug zur Insel Alsen.
Fahrt zur Flensburger Förde.
Informationen: Tel. 74 67 49 49.

6330 Padborg Autobahn E45 Froslev Ost * SJ - 2

Übernachtungsplatz an der Raststätte Froslev Ost.

Von der Auffahrt 76 (Padborg 1) in nördliche Richtung zur Raststätte Froslev Ost fahren und an der Ausfahrt 76 (Padberg 2) wieder abfahren.
Koordinaten: 54° 49,59' Nord, 9° 19,79' Ost.

Raststätte am Platz.
Tankstelle, Autoservice und Verkaufsshop Q8.
Ebene Stellflächen für 10 Mobile.
Keine Parkgebühr.
Ver- und Entsorgung am Stellplatz.
Wasserversorgung und WC am Platz.
Mülltonnen am Stellplatz.
Aufenthaltsdauer 1 Nacht.
Besichtigung von Aabenraa: Nicolai Kirke, Storetorv (Rathaus), Aabenraa Museum: Buddelschiffe, Bronzezeit, dänische Gemälde.
Besichtigung von Brundland Slot.
Ausflug zur Insel Alsen.
Fahrt zur Flensburger Förde.
Informationen: Tel. 74 67 47 47.

6440 Krusaa Kollund Lindegaard * SJ - 3

Wohnmobilplätze an einem Wohnhaus.

Von der Straße 8 (Krusaa-Sonderborg) Richtung Kollund abbiegen. Nach 1 km im Kreisel halblinks fahren und nach 400 m - 200 m nach dem Ortsanfang - rechts zum Platz abbiegen (**Gammel Kirkevej 25**). Koordinaten: 54° 50,76' Nord, 9° 26,77' Ost.

Häuser am Platz.
Ebene und leicht schräge, gekieste Stellflächen für 3 Mobile.
Stromversorgung möglich. Gebühr 20 DKK.
Wasserversorgung möglich.
Ganzjährig zugänglich.
Parkgebühr: 50 DKK.
Wandern und Radtouren auf der Insel Alsen.
Besichtigung von Sonderburg: Sonderborg Slot, Museum Nordschleswig, Dybbol Banke (Düppelerschanzen).
Ausflug zum Augustenborg Slot und zur Danfoss Universe.
Besichtigung von Aabenraa: Nicolai Kirke, Storetorv (Rathaus), Aabenraa Museum. Buddelschiffe, Bronzezeit, dänische Gemälde.
Besichtigung von Brundland Slot.
Besichtigung von Haderslev: Slotsgade, gotischer Dom, Haderslev Museum (Archäologie), Ehlers Samlingen (Keramik).
Fahrt über die Insel Alsen.
Informationen: 24 27 78 95.

6430 Nordborg Ortsplätze ** SJ - 4

Übernachtungsplätze auf einem Großparkplatz hinter Supermärkten in ruhiger Lage.

Von Sonderborg Richtung Nordborg fahren (405) und 1,1 km nach dem Ortsanfang rechts Richtung Pol abbiegen. Nach 100 m zu den Märkten abbiegen (**Stationsvej 1**). Noch 100 m hinter dem Netto-Markt. Koordinaten: 55° 3,34' Nord, 9° 44,61' Ost.

Häuser, Supermärkte und Tankstelle am Platz.
Ebene und leicht schräge, asphaltierte Stellflächen für 3 Mobile.
Boxen im Pkw-Format. Ausweichmöglichkeit auf dem Pkw-Parkplatz.
Ganzjährig zugänglich.
Keine Parkgebühr.
Wandern und Radtouren auf der Insel Alsen.
Besichtigung von Sonderburg: Sonderborg Slot, Museum Nordschleswig, Dybbol Banke (Düppelerschanzen).
Ausflug zum Augustenborg Slot und zur Danfoss Universe.
Besichtigung von Aabenraa: Nicolai Kirke, Storetorv (Rathaus), Aabenraa Museum: Buddelschiffe, Bronzezeit, dänische Gemälde.
Besichtigung von Brundland Slot.
Besichtigung von Haderslev: Slotsgade, gotischer Dom, Haderslev Museum (Archäologie), Ehlers Samlingen (Keramik).
Fahrt über die Insel Alsen.

6430 Nordborg Mjels Pommersgard ** SJ - 5

Wohnmobilplätze an einem Bauernhof in ruhiger Lage.

Von Sonderborg Richtung Nordborg fahren (405) und in Nordborg links Richtung Hardeshoj abbiegen. Nach 2,3 km rechts Richtung Hardeshoj/Mjels fahren. Nach 700 m rechts Richtung Mjels abbiegen und nach 2 km - 200 m nach dem Ortsanfang - links in den Faergevej fahren. Nach 200 m rechts abbiegen (**Faergevej 50**). Noch 100 m. Koordinaten: 55° 1,63' Nord, 9° 42,72' Ost.

Häuser und Stallungen am Platz.
Ebene, befestigte Stellflächen oder auf Wiese für 5 Mobile.
Entsorgung am Platz (Bodeneinlass).
Strom- und Wasserversorgung vorhanden.
Ganzjährig zugänglich.
Parkgebühr: 50 DKK einschließlich Ver- und Entsorgung und Stromversorgung.
Wandern und Radtouren auf der Insel Alsen.
Besichtigung von Sonderburg: Sonderborg Slot, Museum Nordschleswig, Dybbol Banke (Düppelerschanzen).
Ausflug zum Augustenborg Slot und zur Danfoss Universe.
Besichtigung von Aabenraa: Nicolai Kirke, Storetorv (Rathaus), Aabenraa Museum: Buddelschiffe, Bronzezeit, dänische Gemälde.
Besichtigung von Brundland Slot.
Besichtigung von Haderslev: Slotsgade, gotischer Dom, Haderslev Museum (Archäologie), Ehlers Samlingen (Keramik).
Informationen: 74 45 07 30.

6200 Aabenraa Lystbadehavn *** SJ - 6

Wohnmobilplatz am Bootshafen in sehr ruhiger und schöner Lage.

Bei Anfahrt aus dem Norden von der Straße 170 (Haderslev-Aabenraa) 3,1 km nach dem Ortsanfang links dem Wegweiser Lystbadehavn/Autocamper folgen (**Kystvej 55**). Nach 200 bis zum Platz rechts. Koordinaten: 55° 2,09' Nord, 9° 25,40' Ost.

Gaststätte und Häuser am Platz.
WC und Kassettenentsorgung am Platz.
Wasserversorgung am Platz.
Stromversorgung vorhanden. Gebühr 5 DKK für 2 kWh.
Ebene, gekieste Stellflächen für 5 Mobile.
Für Caravan verboten.
Ganzjährig zugänglich.
Aufenthaltsdauer nicht begrenzt.
Parkgebühr: 110 DKK für 24 Stunden (beim Hafenmeister bezahlen).
Sandstrand in der Nähe.
Wandern und Radtouren am Aabenraa Fjord.
Besichtigung von Aabenraa: Nicolai Kirke, Storetorv (Rathaus), Aabenraa Museum: Buddelschiffe, Bronzezeit, dänische Gemälde.
Besichtigung von Brundland Slot.
Besichtigung von Haderslev: Slotsgade, gotischer Dom, Haderslev Museum (Archäologie), Ehlers Samlingen (Keramik).
Besichtigung von Sonderburg: Sonderborg Slot, Museum Nordschleswig, Dybbol Banke (Düppelerschanzen).
Ausflug zum Augustenborg Slot und zur Danfoss Universe.

6230 Rodekro Autobahn E45 Arslev Ost * SJ - 7

Übernachtungsplatz an der Raststätte Arslev Ost.

Von der Auffahrt 72 (Stubbaek) in nördliche Richtung zur Raststätte Arslev Ost fahren und an der Ausfahrt 70 (Aabenraa Nord) wieder abfahren.
Koordinaten: 55° 1,37' Nord, 9° 21,79' Ost.

Raststätte am Platz.
Verkaufsshop Info-Teria.
Ebene Stellflächen für 10 Mobile.
Keine Parkgebühr.
Ver- und Entsorgung am Stellplatz.
Wasserversorgung und WC am Platz.
Mülltonnen am Stellplatz.
Aufenthaltsdauer 1 Nacht.
Besichtigung von Aabenraa: Nicolai Kirke, Storetorv (Rathaus), Aabenraa Museum: Buddelschiffe, Bronzezeit, dänische Gemälde.
Besichtigung von Brundland Slot.
Ausflug zur Insel Alsen.
Besichtigung von Haderslev: Slotsgade, gotischer Dom, Haderslev Museum (Archäologie), Ehlers Samlingen (Keramik).
Informationen: Tel. 74 67 47 47.

Dünen an der Nordseeküste

6500 Vojens Autobahn E45 Ustrup Ost * SJ - 8

Übernachtungsplatz an der Raststätte Ustrup Ost.

Von der Auffahrt 69 (Haderslev) in nördliche Richtung zur Raststätte Ustrup Ost fahren und an der Ausfahrt 68 (Vojens) wieder abfahren.
Koordinaten: 55° 12,97' Nord, 9° 22,51' Ost.

Raststätte am Platz.
Tankstelle und Verkaufsshop Statoil.
Ebene Stellflächen für 10 Mobile.
Keine Parkgebühr.
Ver- und Entsorgung am Stellplatz.
Wasserversorgung und WC am Platz.
Mülltonnen am Stellplatz.
Aufenthaltsdauer 1 Nacht.
Besichtigung von Haderslev: Slotsgade, gotischer Dom, Haderslev Museum (Archäologie), Ehlers Samlingen (Keramik).
Besichtigung von Aabenraa: Nicolai Kirke, Storetorv (Rathaus), Aabenraa Museum: Buddelschiffe, Bronzezeit, dänische Gemälde.
Besichtigung von Brundland Slot.
Fahrt nach Christianfeld und Kolding.
Informationen: Tel. 74 54 53 55.

6500 Vojens Autobahn E45 Ustrup Vest * SJ - 9

Übernachtungsplatz an der Raststätte Ustrup Vest.

Von der Auffahrt 68 (Vojens) in südliche Richtung zur Raststätte Ustrup Vest fahren und an der Ausfahrt 69 (Haderslev) wieder abfahren.
Koordinaten: 55° 13,07' Nord, 9° 22,45' Ost.

Raststätte am Platz.
Tankstelle und Verkaufsshop Statoil.
Ebene Stellflächen für 10 Mobile.
Keine Parkgebühr.
Ver- und Entsorgung am Stellplatz.
Wasserversorgung und WC am Platz.
Mülltonnen am Stellplatz.
Aufenthaltsdauer 1 Nacht.
Besichtigung von Haderslev: Slotsgade, gotischer Dom, Haderslev Museum (Archäologie), Ehlers Samlingen (Keramik).
Besichtigung von Aabenraa: Nicolai Kirke, Storetorv (Rathaus), Aabenraa Museum: Buddelschiffe, Bronzezeit, dänische Gemälde.
Besichtigung von Brundland Slot.
Fahrt nach Christianfeld und Kolding.
Informationen: Tel. 74 54 53 44.

6372 Bylderup Bov Boskov *** SJ - 10

Privater **Wohnmobilplatz** an einem ehemaligen Bauernhof in sehr ruhiger und schöner Lage.

Von der Autobahn Flensburg-Kolding Richtung Tonder abbiegen (8). 3,8 km nach dem Ortsanfang Hajstrup im Kreisel rechts Richtung Tonder fahren und nach 400 m rechts Richtung Bylderup Bov abbiegen und nach 100 m links Richtung Hoyst fahren. Nach 1,6 km - 300 m nach dem Bahnübergang - wird die Zufahrt links erreicht (**Kvaernholtweg 15**). Noch 100 m.
Koordinaten: 54° 56,69' Nord, 9° 3,65' Ost.

Häuser am Platz.
Ver- und Entsorgung am Platz. Nur Kassetten über WC.
Keine Stromversorgung.
Ganzjährig zugänglich.
Ebene, gekieste Stellflächen für 3 Wohnmobile.
Parkgebühr: 50 DKK für 24 Stunden.
Aufenthaltsdauer nicht begrenzt.
Wanderungen und Radtouren in Südjütland.
Besichtigung von Tonder: Drohses Hus, Uldgade, Tonder Museum, Det gamle Apotek, Kunstmuseum.
Fahrt nach Mogeltonder und nach Legumkloster.
Fahrt zur Nordseeküste.
Ausflug zur Insel Romo.
Informationen: Tel. 74 76 25 49.

6372 Bylderup Bov Autocamperpark *** SJ - 11

Privater **Wohnmobil- und Caravanplatz** an einem Bauernhof in sehr ruhiger und schöner Lage.

Von der Autobahn Flensburg-Kolding Richtung Tonder abbiegen (8). 3,8 km nach dem Ortsanfang Hajstrup im Kreisel rechts Richtung Tonder fahren und nach 400 m rechts Richtung Bylderup Bov abbiegen und nach 100 m links Richtung Hoyst fahren. Nach 3,5 km - 600 m nach dem Ortsanfang Lund - rechts Richtung Sörup abbiegen (**Kristianshabwej 5**, schmale Straße). Nach 1,1 km rechts dem Schild Autocamperpark folgen. Noch 500 m bis zum Platz.
Koordinaten: 54° 57,73' Nord, 9° 4,19' Ost.

Häuser am Platz.
Ver- und Entsorgung am Platz.
Stromversorgung vorhanden.
Ebene Stellflächen auf fester Wiese für 20 Mobile oder Caravan.
Parkgebühr.
Ganzjährig zugänglich.
Aufenthaltsdauer nicht begrenzt.
Caravan und Mobile fast immer anzutreffen.
Wanderungen und Radtouren in Südjütland.
Besichtigung von Tonder: Drohses Hus, Uldgade, Tonder Museum, Det gamle Apotek, Kunstmuseum.
Fahrt nach Mogeltonder und nach Legumkloster.
Fahrt zur Nordseeküste.
Ausflug zur Insel Romo.
Informationen: Tel. 74 76 16 16.

6270 Tonder Nissen * SJ - 12

Privater **Wohnmobilplatz** an Bauernhof und Pension.

Südlich von Tonder von der 11 zur 8 Richtung Flensborg/Krusa abbiegen und nach 3 km links zum Platz abbiegen (**Flensborg Landevej 26**).
Koordinaten: 54° 56,06' Nord, 8° 56,95' Ost.

Häuser am Platz.
Stromversorgung möglich.
Dusche und WC vorhanden.
Ebene, gekieste Stellflächen für 3 Wohnmobile.
Parkgebühr: 50 DKK für 24 Std. einschl. Strom und Dusche.
Ganzjährig zugänglich.
Aufenthaltsdauer nicht begrenzt.
Freibad in der Nähe.
Wanderungen und Radtouren in Südjütland.
Besichtigung von Tonder: Drohses Hus, Uldgade,
Tonder Museum, Det gamle Apotek, Kunstmuseum.
Fahrt nach Mogeltonder und nach Legumkloster.
Fahrt zur Nordseeküste.
Ausflug zur Insel Romo.
Informationen: Markus Nissen Tel. 74 73 43 28.

6280 Hojer Landboturisme Daler *** SJ - 13

Wohnmobil- und Caravanplatz an einem Bauernhof in sehr ruhiger und schöner Lage.

Von Tonder Richtung Hojer fahren (419) und 7,9 km nach dem Ortdende Tonder rechts Richtung Daler abbiegen. Nach 800 m rechts abbiegen (Peter Jessewej) und nach 100 m rechts fahren. Noch 100 m bis zum Platz links (**Hvidstrengvej 4**).
Koordinaten: 54° 58,07' Nord, 8° 44,72' Ost.

Häuser am Platz.
Ver- und Entsorgung am Platz.
Stromversorgung vorhanden.
WC und Dusche am Platz.
Informationstafel am Platz.
Ebene Stellflächen auf fester Wiese für 50 Mobile oder Caravan.
Stellplatzgebühr: 10 DKK pro Nacht und 50 DKK pro Person.
Ganzjährig zugänglich.
Aufenthaltsdauer nicht begrenzt.
Caravan und Mobile oft anzutreffen.
Wanderungen und Radtouren in Südjütland.
Besichtigung von Tonder: Drohses Hus, Uldgade,
Tonder Museum, Det gamle Apotek, Kunstmuseum.
Fahrt nach Mogeltonder.
Ausflug nach Legumkloster.
Fahrt zur Nordseeküste.
Informationen: Tel. 74 78 30 26.

6220 Toftlund Enemark ** SJ -14

Wohnmobilplatz an einem Bauernhof in ruhiger Lage.

Von der 25 südlich vor Toftlund im Kreisel links Richtung Ribe fahren (179). Nach 5,4 km links zum Bauernhof abbiegen (**Ribevej 23**). Noch 100 m bis zum Platz.
Koordinaten: 55° 13,06' Nord, 9° 1,23' Ost.

Häuser und Bauerhof am Platz.
Versorgung und Kassetten-Entsorgung am Platz.
Stromversorgung vorhanden.
WC am Platz.
Gekieste, ebene und leicht schräge Stellflächen für 5 Mobile.
Parkgebühr.
Ganzjährig zugänglich.
Wanderungen und Radtouren in Südjütland.
Besuch des archäologischen Erlebnisparks von Skaerbaeck.
Besichtigung von Ribe: Dom, Fachwerkhäuser, Fiskergade.
Skibbroen (alter Hafen), Wikingercenter, Riberhus.
Museum der Wikinger, Kunstmuseum.
Fahrt nach Legumkloster.
Fahrt zur Nordseeküste.
Ausflug zur Insel Romo.
Informationen: Tel. 74 78 30 26.

6210 Gram Tiset Tiset Kro ** SJ - 15

Übernachtungsplatz an einem Gasthof in ruhiger und schöner Lage.

Von Gram Richtung Arnum/Tiset fahren und 2 km nach dem Ortsende Gram - 100 m nach dem Ortsanfang Tiset - rechts zum Parkplatz neben dem Gasthaus abbiegen (**Kongevej 214**).
Koordinaten: 55° 16,43' Nord, 9° 0,70' Ost.

Gaststätte und Häuser am Platz.
Frischwasser- und Stromversorgung möglich. Gebühr 25 DKK.
WC in der Gaststätte.
Gekieste, ebene und leicht schräge Stellflächen für 5 Mobile.
Parkgebühr.
Ganzjährig zugänglich.
Wanderungen und Radtouren in Südjütland.
Besuch des archäologischen Erlebnisparks von Skaerbaeck.
Besichtigung von Ribe: Dom, Fachwerkhäuser, Fiskergade.
Skibbroen (alter Hafen), Wikingercenter, Riberhus.
Museum der Wikinger, Kunstmuseum.
Fahrt zur Nordseeküste.
Ausflug zur Insel Romo.
Informationen: Tel. 74 82 12 71 oder 24 65 66 06.
Internet: www. tiset-kro.dk.

6210 Gram Anholt Fiskeso **** SJ - 16

Wohnmobilplatz auf einer Wiese am Fischteich in sehr ruhiger und sehr schöner Lage.

Von Gram Richtung Rodding fahren (449) und 1,4 km nach dem Kreisel - 300 m nach dem Ortsende Gram - links Richtung Fole/Fiskeso abbiegen (**Folewej 16**). Nach 4,2 km links dem Schild Anholt Fiskeso folgen. Nach 200 m links abbiegen. Noch 100 m. Bei Anfahrt von Fole 800 m nach dem Ortsende rechts zum Fischteich abbiegen. Koordinaten: 55° 18,35' Nord, 8° 59,87' Ost.

Häuser am Platz.
Bänke und Tische, Grill am Platz.
Frischwasser- und Stromversorgung vorhanden.
Kassettenentsorgung möglich.
WC und Dusche vorhanden. Gebühr 15 DKK.
Ebene Stellflächen auf fester Wiese für 30 Mobile.
Parkgebühr: 30 DKK pro Mobil und 15 DKK pro Person
Aufenthalt nur mit einer Angelkarte, mindestens 40 DKK.
01.03.-31.12. zugänglich. Aufenthaltsdauer nicht begrenzt.
Wohnmobile oft anzutreffen.
Angeln im Fischteich.
Wanderungen und Radtouren in Südjütland.
Besuch des archäologischen Erlebnisparks von Skaerbaeck.
Besichtigung von Ribe: Dom, Fachwerkhäuser, Fiskergade.
Skibbroen (alter Hafen), Wikingercenter, Riberhus.
Museum der Wikinger, Kunstmuseum.
Fahrt zur Nordseeküste.
Ausflüge zu den Inseln Romo und Mando.
Informationen: Tel. 74 82 34 33.

6210 Gram Annemettes Bondegard ** SJ - 17

Wohnmobil- und Caravanplatz an einem ehemaligen Bauernhof in ruhiger Lage.

Von Gram Richtung Ribe fahren (24) und 2,4 km nach dem Ortsende Gram rechts zum Platz abbiegen (**Ribelandewej 18**).
Koordinaten: 55° 17,16' Nord, 9° 0,04' Ost.

Gaststätte und Häuser am Platz.
Frischwasser- und Stromversorgung möglich.
Kassettenentsorgung, WC und Dusche am Platz.
Ebene Stellflächen für 3 Mobile oder Caravan.
Parkgebühr: 70 - 100 DKK für 24 Stunden je nach Saison,
einschließlich Ver- und Entsorgung und WC.
Ganzjährig zugänglich. Aufenthalt einige Tage.
Angelteich in der Nähe.
Wanderungen und Radtouren in Südjütland.
Besuch des archäologischen Erlebnisparks von Skaerbaeck.
Besichtigung von Ribe: Dom, Fachwerkhäuser, Fiskergade.
Skibbroen (alter Hafen), Wikingercenter, Riberhus.
Museum der Wikinger, Kunstmuseum.
Fahrt zur Nordseeküste.
Ausflüge zu den Inseln Romo und Mando.
Informationen: Tel. 74 82 08 16 oder 21 75 07 16.

6630 Rodding Jels Nils Braendekilde ApS * SJ - 18

Übernachtungsplatz bei einem Händler.

Am Kreisel südlich von Jels (25/403) Richtung Rodding fahren und 100 m nach dem Kreisel rechts abbiegen (**Haderslevvej 59**). Noch 200 m bis zum Parkplatz.
Koordinaten: 55° 21,45' Nord, 9° 11,19' Ost.

Imbiss, Minimarkt, Tankstelle und Häuser am Platz.
Verkehrsreiche Straße in der Nähe.
Ver- und Entsorgung am Platz (Bodeneinlass).
Stromversorgung vorhanden. Gebühr 25 DKK.
Gasflaschentausch möglich.
Asphaltierte, ebene Stellflächen für 5 Mobile.
Keine Parkgebühr.
Ganzjährig zugänglich.
Wanderungen und Radtouren in Südjütland.
Besichtigung von Ribe: Dom, Fachwerkhäuser, Fiskergade.
Skibbroen (alter Hafen), Wikingercenter, Riberhus.
Museum der Wikinger, Kunstmuseum.
Fahrt zur Nordseeküste.
Fahrt nach Kolding.
Informationen: Tel. 74 55 21 01 oder 74 55 21 58.
Internet: www.nbc-jels.dk.

Angeln am Anholt Fiskeso

An der Nordsee
Das Amt Ribe in Westjütland
Tour 2

In Westjütland erlebt man einige der schönsten Strände und viel ursprüngliche Natur. Der Stress des Alltags wird beim Aufenthalt auf einem schönen Stellplatz, beim Faulenzen am Strand, beim Baden oder beim Surfen, beim Wandern oder Radfahren und beim Angeln vergessen. In den Städten Westjütlands kann man sich von der historischen Atmosphäre, von dem kulturellen Angebot und von den vielfältigen Einkaufsmöglichkeiten verzaubern lassen.

Im Westen erblickt man die Nordsee, oft sanft und manchmal rauh, gesäumt von breiten, weißen Sandstränden. Im Herbst treiben oft Stürme hohe Wogen und sprühende Gischt vor sich her und fegen mit Urgewalt über das flache Land.

In Ribe sollte man die Reise beginnen. Drei Stellplätze stehen zur Auswahl (**RB-1**, **RB-2**, **RB-3**), der weitaus beste Platz liegt am Fischteich südlich der Stadt. Für die Besichtigung nutzt man am besten den zentrumsnahen Parkplatz Süd. Ribe, eine Handelsstadt aus dem Jahr 700, ist die älteste Stadt Dänemarks. Mit der Verlandung des Flusses brach der Handel zusammen und erst mit dem Tourismus kam neuer Schwung in die alte, kopfsteingepflasterte Innenstadt.

Die Hauptsehenwürdigkeiten von Ribe sind die reizvollen Fachwerkhäuser in der Gronnegade, Skolegade, Sondersportsgade und der Puggardsgade und der romanische, fünfschiffige Dom mit zwei ungleichen Türmen, einem wuchtigen Bronzeportal, einer Kreuzabnahmeskulptur aus Granit, reichgeschmückten Grabdenkmälern und farbenfrohen Mosaiken und Fresken. Von der Plattform des 52 Meter hohen Backsteinturmes hat man eine grandiose Aussicht über die Stadt und die Küstenlandschaft bis zum Meer. Sehenswert sind auch das Gamle Radhus (Alte Rathaus), die St.-Katharinen-Kirche, der Kaufmannshof Quedens Gard, die Sturmflutsäule, die idyllische Fischergasse mit farbigen Häusern und die Burgruine der königlichen Residenz aus dem 13. Jahrhundert.

Die Zeit der Wikinger wird im Museum Odins Plads in der Stadt und im Vikingecenter drei Kilometer südlich von Ribe lebendig. Ein Wikingerschiff, der Marktplatz von 720, das Stadtbild von 825, das Leben in der Stadt um 1500, ein Gutshof von 980 sind die Höhepunkte dieser Museen.

Ribe Westjütland

Ein interessanter Ausflug mit dem Bus von Vester Vedsted führt über das Wattenmeer zur Insel Mando, erreichbar nur bei Ebbe. Im Mando Centret wird über Watt, Ebbe und Flut berichtet, im Kapitänshaus wird die Geschichte der kleinen Insel dargestellt. Bei einer Wanderung oder einer Fahrradtour sieht man Massen von Austernfischern, Strandläufern, Eiderenten und Seeschwalben.

Golfspielende Wohnmobiltouristen haben die Möglichkeit in Holsted ihr rollendes Ferienhaus am Golfplatz abzustellen, den kleinen Ball in die Löcher zu treiben und nach dem Sport dort zu übernachten (**RB-4**). Auch andere Wohnmobilisten dürfen über Nacht bleiben.

An der Küste wartet die Hafen- und Fischerstadt Esbjerg auf Touristen. Auf einer Hafenrundfahrt erlebt man das Feuerschiff "Horns Rev" und den Ewer "Anne Catherine" und erhält einen guten Eindruck von dem lebhaften Hafen und dem Milieu in den Gassen am Ufer. Esbjerg ist eine relativ junge Stadt. Sehenswerte Bauten sind aus der Jugendstil- und Gründerzeit um 1900 zu sehen, an der Einkaufsmeile Kongensgade und am Marktplatz. Das Wahrzeichen der Stadt ist der Wasserturm von 1897 im Stadtpark Vandtarn. Im Esbjergmuseum ist die Bernsteinausstellung mit einzigartigen Schmuckstücken aus Jahrtausenden die große Attraktion.

Zur Insel Fano fahren die Fähren in 20 Minuten. Endlos lange Sandstrände, abwechlungsreiches Dünengelände, bunte Heidelandschaften, dichte Wälder und weites Wattenmeer prägen die Landschaft auf der Insel. Wattvögel versammeln sich auf dem Schlick und am Strand zu Tausenden, auf den Sandbänken tummeln sich sonnenhungrige Seehunde.

In Varde nördlich von Esbjerg sind der Marktplatz, die St.-Jacobi-Kirche mit einer barocken Kanzel und einem gotischen Taufbecken, Bürgerhäuser aus dem 18. Jahrhundert und der Kampmannsche Hof von 1781 zu bewundern. In und um Varde bestehen drei Möglichkeiten, im Schlafauto zu übernachten (**RB-5**, **RB-6** und **RB-7**).

Sturm an der Nordseeküste

Ribe Westjütland

Auf dem Weg zur Küste steht in Billum ein privater Stellplatz zur Verfügung (**RB-8**). In dem Seebad Blavand kann man tagsüber das Wohnmobil auf dem großen Parkplatz hinter den Dünen abstellen und vor dem Campingplatz übernachten (**RB-9**). Blavands Huk ist der westlichste Punkt Dänemarks, überragt von einem 39 Meter hohen Leuchtturm. Auf der Sandbank Horn Rev wurden fast 100 Windräder zur Erzeugung von Strom errichtet.

Dünen an der Nordsee

Weiter nördlich erstrecken sich am Graerup Strand und am Henne Strand über viele Kilometer die schönsten Dünen Westjütlands. Ferienhausanlagen beherrschen das Hinterland der Küste. In Norre Nebel findet man am Fischteich (**RB-10**) und im Ortsteil Ravn in ruhiger Umgebung Stellplätze für das mobile Heim (**RB-11**).

Im Landesinneren ist in Grinsted die Übernachtung auf dem Platz an der Bibliothek zu empfehlen (**RB-12**). Am nächsten Tag ist man schnell in Billum, dem Mekka der Lego-Freunde, eine Sehenswürdigkeit ersten Ranges, die berühmte Familienattraktion Dänemarks. Im Miniland werden dänische und ausländische Bauten bestaunt. Im Piratenland herrschen Captain Roger und seine berühmten Seeräuber, die ihre Schätze in einer Grotte versteckt haben. Im Wilden Westen bestimmen Revolverhelden und die Häuptlinge der Indianer das Leben in der Prärie. Gemütlich zockelt ein Lego-Zug durch die weiträumige Anlage. Vom Lego-Lift bestaunt man die große, weite Welt aus Lego-Steinen von oben.

Der Name Lego entstand 1954 aus den dänischen Wörtern leg godt (spiel gut). Vier Jahre später entwickelte der Sohn des Firmengründers den Lego-Baustein mit den acht Noppen zum Zusammenstecken. 1968 wurde der Freizeitpark Legoland in Billum eröffnet. Ein Legoland gibt es inzwischen auch in Deutschland, eine große Attraktion in Günzburg bei Ulm, angeschlossen ist auch hier ein Wohnmobilplatz.

Tour 2

Amt Ribe in Westjütland

Tour 2: **Westjütland Amt Ribe**

Nr.	Ort, Bezeichnung	Stell-plätze A	Gast-haus	Häu-ser	WC	Bad See	Orts-nähe B	Ent-sorg.	Park-dauer C	Park-gebühr D
RB-1	Ribe, Feddersen *	5	-	+	-	-	x	-	U	50
RB-2	Ribe, Sorkesoen ****	30	-	+	+	-	x	-	U	100
RB-3	Ribe Hillerup **	5	-	+	-	-	x	-	U	50
RB-4	Holsted, Golfbane **	10	-	+	-	-	x	-	1	P
RB-5	Varde, Fritidscenter ***	30	+	+	-	+	12	-	1	0
RB-6	Varde Naesbjerg, Christensen **	3	-	+	-	-	x	-	T	50
RB-7	Varde, Stilbjerg **	10	-	+	+	-	x	-	1	P
RB-8	Billum, Sorensen *	3	+	+	-	-	3	-	T	P
RB-9	Blavand, Strand Ferienpark **	20	+	+	-	+	x	-	1	P
RB-10	Norre Nebel, Fischteich **	5	-	+	-	-	x	-	T	P
RB-11	Norre Nebel Lunde, Ravn **	5	-	+	+	-	x	-	U	50
RB-12	Grinsted, Bibliotek **	5	-	+	-	-	12	-	1	0

Legende

****	sehr ruhige und sehr schöne Lage.
***	sehr ruhige und schöne Lage.
**	ruhige und gute Lage.
*	keine ruhige Lage.
A	Stellplätze gestaffelt nach 3, 5, 10, 20, 30, 50 Wohnmobilen. Dabei wird angenommen, dass nur die Hälfte des Platzes zur Verfügung steht und die andere Hälfte durch PKW belegt ist.
B	Fußweg in Minuten, x über 15 min Fußweg.
C	Aufenthaltsdauer in Tagen.
D	Stellplatzgebühr in Dänischen Kronen pro Wohnmobil und 24 Stunden oder Parkgebühr.
P	Parkgebühr in der Saison.
T	Aufenthaltsdauer einige Tage.
U	Aufenthaltsdauer unbegrenzt.

6760 Ribe Feddersen * RB - 1

Wohnmobilplatz an einem Gehöft.

Von der B24 (Haderslev-Ribe) im Kreisel vor Ribe links dem Wegweiser Vikigercenter folgen. Nach 1 km links Richtung Vikingercenter/Roager abbiegen. Noch 5,7 km bis zum Platz links (**Roagervej 183**).
Koordinaten: 55° 16,26' Nord, 8° 48,41' Ost.

Häuser und Bauernhof am Platz.
Verkehrsgeräusche durch nahe Straße.
Wasserversorgung möglich.
Ebene, befestigte Stellflächen für 2 Mobile und 3 Mobile auf Wiese.
Für große Wohnmobile nicht geeignet.
Parkgebühr: 50 DKK für 24 Stunden.
Ganzjährig zugänglich. Aufenthaltsdauer nicht begrenzt.
Wanderungen und Radtouren im Amt Ribe.
Besichtigung von Ribe: Dom, Fachwerkhäuser, Fiskergade. Skibbroen (alter Hafen), Wikingercenter, Riberhus, Museum der Wikinger, Kunstmuseum.
Parkplätze Ribe Süd und Nord für die Besichtigung nutzen.
Besuch des archäologischen Erlebnisparks von Skaerbaeck.
Fahrt zur Nordseeküste.
Ausflug zur Insel Romo.
Informationen: Tel. 75 44 30 71.

6760 Ribe Sorkesoen **** RB - 2

Wohnmobil- und Caravanplatz am Fischteich in sehr ruhiger und sehr schöner Lage.

Von der B24 (Haderslev-Ribe) im Kreisel vor Ribe links dem Wegweiser Vikigercenter folgen. Nach 400 m rechts Richtung Storkesoen abbiegen (**Haulundvej 164**). Noch 100 m bis zum Platz links.
Koordinaten: 55° 19,02' Nord, 8° 45,60' Ost.

Kiosk und Häuser (Feriensiedlung) am Platz.
Kette vor dem Platz. Von Hand zu öffnen.
WC und Dusche am Platz.
Angelteich und Spielplatz am Platz.
Frischwasser- und Stromversorgung vorhanden.
Kassettenentsorgung möglich.
WC und Dusche vorhanden.
Ganzjährig zugänglich. Aufenthaltsdauer nicht begrenzt.
Wohnmobile und Caravan oft anzutreffen.
Ebene, befestigte Stellflächen für 30 Mobile.
Parkgebühr: 100 DKK pro Mobil, 20 pro Person, 10 pro Kind, einschließlich Strom, WC, Dusche.
Wanderungen und Radtouren im Amt Ribe.
Besichtigung von Ribe: Dom, Fachwerkhäuser, Fiskergade. Skibbroen (alter Hafen), Wikingercenter, Riberhus, Museum der Wikinger, Kunstmuseum.
Parkplätze Ribe Süd und Nord für die Besichtigung nutzen.
Besuch des archäologischen Erlebnispark von Skaerbaeck.
Fahrt zur Nordseeküste.
Ausflug zur Insel Romo.
Informationen: Tel. 75 41 04 11.
Internet: www.storkesoen.dk.

6760 Ribe Hillerup Christensen ** RB - 3

Wohnmobilplatz hinter einem ehemaligen Bauernhof in ruhiger und schöner Lage.

Von der Straße 11 (Ribe-Varde) 3,5 km nach der Abzweigung der 32 (Kolding) links Richtung Farup abbiegen. Nach 2 km links dem Wohnmobil-Symbol folgen Noch 200 m bis zum Platz rechts (**Sonderskiftevej 9**). Koordinaten: 55° 22,60' Nord, 8° 43,82' Ost.

Häuser am Platz.
Wasser- und Stromversorgung möglich.
Bänke und Tisch, Grill am Platz.
Ebene Stellflächen für 5 Mobile auf Wiese.
Parkgebühr: 50 DKK für 24 Stunden.
Ganzjährig zugänglich. Aufenthaltsdauer nicht begrenzt.
Wanderungen und Radtouren im Amt Ribe.
Besichtigung von Ribe: Dom, Fachwerkhäuser, Fiskergade. Skibbroen (alter Hafen), Wikingercenter, Riberhus, Museum der Wikinger, Kunstmuseum.
Parkplätze Ribe Süd und Nord für die Besichtigung nutzen.
Besuch des archäologischen Erlebnispark von Skaerbaeck.
Fahrt zur Nordseeküste.
Informationen: Tel. 75 43 14 00.

Parkplatz Ribe Süd

6770 Holsted Golfbane ** RB - 4

Übernachtungsplatz am Golfplatz in sehr ruhiger Lage.

Bei Anfahrt von Süden (425) 3,7 km nach dem Ortsanfang links Richtung Grinsted abbiegen und nach 100 m rechts abbiegen. Nach 1,3 km - 500 m nach dem Ortsende Holsted - rechts dem Wegweiser Golfbane folgen. Noch 900 m bis zum Platz rechts (**Bengardswej 5**). Koordinaten: 55° 31,40' Nord, 8° 55,97' Ost.

Golfplatz und Häuser am Platz.
Wasser- und Stromversorgung möglich.
Ebene und leicht schräge, befestigte Stellflächen für 10 Mobile.
Parkgebühr.
Ganzjährig zugänglich.
Wanderungen und Radtouren im Amt Ribe.
Besichtigung von Ribe: Dom, Fachwerkhäuser, Fiskergade.
Skibbroen (alter Hafen), Wikingercenter, Riberhus,
Museum der Wikinger, Kunstmuseum.
Fahrt nach Esbjerg und Varde.
Ausflug zur Nordseeküste.
Fahrt nach Kolding.
Ausflug zur Ostseeküste.
Informationen: Tel. 75 39 29 33 oder 40 29 49 33.

6800 Varde Fritidscenter *** RB - 5

Übernachtungsplatz am Freizeitzentrum in sehr ruhiger und schöner Lage.

Von der Ausfahrt Korskro (73) der Autobahn E20 Richtung Varde fahren und nach 10,6 km rechts Richtung Holstebro abbiegen. Nach 4,4 km rechts Richtung Grinsted fahren und nach 300 m rechts abbiegen. Nach 1,9 km - 1,2 km nach dem Ortsanfang - rechts Richtung Nr.Nebel/Fritidscenter abbiegen (Nordre Boulvard). Nach 1,2 km rechts dem Wegweiser Fritidscenter folgen (**Lerpotsvej 55**). Noch 200 m bis zum Platz links. Koordinaten: 55° 37,98' Nord, 8° 28,46' Ost.

Häuser und Cafeteria in der Nähe.
Ebene, asphaltierte Stellflächen für 30 Mobile.
Hallenbad, Sporthalle und Bowling-Bahnen am Platz.
Keine Parkgebühr.
Ganzjährig zugänglich. Aufenthaltsdauer einige Tage.
12 min Fußweg zur Stadtmitte.
Wanderungen und Radtouren im Amt Ribe.
Besichtigung von Varde: St.-Jacobi-Kirche, Bürgerhäuser,
Kampmannsche Hof, Vardemuseum, Artilleriemuseum.
Besichtigung von Esbjerg: Fischereihafen, Kongensgade,
Museum (Bernstein-Ausstellung), Fiskeri- und Sofahtsmuseum,
Mahnmal der Fischer, Mennesket ved Havet.
Hafenrundfahrt in Esbjerg.
Besichtigung von Ribe: Dom, Fachwerkhäuser, Fiskergade.
Skibbroen (alter Hafen), Wikingercenter, Riberhus,
Museum der Wikinger, Kunstmuseum.
Fahrt zur Nordseeküste.

6800 Varde Naesbjerg Christensen * RB - 6

Gepflegter, privater **Wohnmobilplatz** an einem ehemaligen Bauernhof in schöner Lage.

Von der Ost-Umgehung Varde Richtung Roust abbiegen und nach 50 m links dem Wegweiser Knoldeflod folgen. Noch 3,4 km bis zum Platz rechts (**Knoldeflodwej 60**).
Koordinaten: 55° 36,41' Nord, 8° 33,32' Ost.

Häuser am Platz. Verkehrsgeräusche durch Nebenstraße.
Stromanschluss vorhanden. Gebühr 10 DKK.
Wasserversorgung möglich.
Ebene, gekieste Stellflächen für 3 Mobile.
Ganzjährig zugänglich. Aufenthaltsdauer einige Tage.
Parkgebühr: 50 DKK für 24 Stunden.
Wanderungen und Radtouren im Amt Ribe.
Besichtigung von Varde: St.-Jacobi-Kirche, Bürgerhäuser, Kampmannsche Hof, Vardemuseum, Artilleriemuseum.
Besichtigung von Esbjerg: Fischereihafen, Kongensgade, Museum (Bernstein-Ausstellung), Fiskeri- und Sofahtsmuseum, Mahnmal der Fischer, Mennesket ved Havet.
Hafenrundfahrt in Esbjerg.
Besichtigung von Ribe: Dom, Fachwerkhäuser, Fiskergade, Skibbroen (alter Hafen), Wikingercenter, Riberhus, Museum der Wikinger, Kunstmuseum.
Fahrt zur Nordseeküste.
Informationen: Tel. 75 26 71 68.

6800 Varde Stilbjerg ** RB - 7

Gepflegter, privater **Wohnmobilplatz** in schöner Lage.

Von Varde (Nordre Boulvard) Richtung Holstebro fahren und 2,4 km nach dem Ortsende Varde links zum Platz abbiegen (**Ringkobingvej 143**). Koordinaten: 55° 39,47' Nord, 8° 29,34' Ost.

Häuser am Platz.
Stromanschluss vorhanden.
WC, Dusche im Haus, Kassetten-Entlerung möglich.
Ebene, gepflasterte Stellflächen und Wiese für 10 Mobile.
Bänke und Tisch am Platz.
Ganzjährig zugänglich. Parkgebühr.
Wanderungen und Radtouren im Amt Ribe.
Besichtigung von Varde: St.-Jacobi-Kirche, Bürgerhäuser, Kampmannsche Hof, Vardemuseum, Artilleriemuseum.
Besichtigung von Esbjerg: Fischereihafen, Kongensgade, Museum (Bernstein-Ausstellung), Fiskeri- und Sofahtsmuseum, Mahnmal der Fischer, Mennesket ved Havet.
Hafenrundfahrt in Esbjerg.
Besichtigung von Ribe: Dom, Fachwerkhäuser, Fiskergade, Skibbroen (alter Hafen), Wikingercenter, Riberhus, Museum der Wikinger, Kunstmuseum.
Fahrt zur Nordseeküste.
Informationen: Tel. 75 26 12 11.

6852 Billum Sorensen * RB - 8

Privater **Wohnmobilplatz** in der Ortsmitte in guter Lage.

Von Varde Richtung Oksbol/Blavand fahren (431). 500 m nach dem Ortsanfang Billum wird rechts der Platz erreicht (**Versterhavsvej 34**).
Koordinaten: 55° 37,06' Nord, 8° 19,74' Ost.

Gaststätte und Geschäfte in der Nähe. Häuser am Platz.
Verkehrsgeräusche durch nahe Straße.
Stromanschluss und Wasserversorgung möglich. Gebühr 20 DKK.
Ebene, gekieste Stellflächen für 3 kleine Mobile.
Für große Wohnmobile nicht geeignet.
Ganzjährig zugänglich. Aufenthaltsdauer einige Tage.
Parkgebühr.
3 min Fußweg zur Ortsmitte.
Wanderungen und Radtouren in der Kallesmaersk Heide.
Besichtigung von Varde: St.-Jacobi-Kirche, Bürgerhäuser, Kampmannsche Hof, Vardemuseum, Artilleriemuseum.
Besichtigung von Esbjerg: Fischereihafen, Kongensgade, Museum (Bernstein-Ausstellung), Fiskeri- und Sofahtsmuseum, Mahnmal der Fischer, Mennesket ved Havet.
Hafenrundfahrt in Esbjerg.
Fahrt zu den Nordseestränden.
Informationen: Tel. 75 25 83 27.

6857 Blavand Hvidbjerg Strand Ferienpark ** RB - 9

Wohnmobilplatz vor einem Campingplatz am Strand in sehr ruhiger Lage.

Von Varde Richtung Oksbol/Blavand fahren (431). 10 km nach dem Ortsende Billum rechts Richtung Blavand fahren. Nach 6,1 km - 500 m nach dem Ortsanfang - links Richtung Tirpitz abbiegen. Noch 1,3 km bis zum Platz links (**Hvidbjerg Strandvej 27**)
Koordinaten: 55° 32,76' Nord, 8° 8,5' Ost.

Gaststätten, Minimart, Fischgeschäft und Häuser am Platz.
Hallenbad am Platz.
Ebene, befestigte Stellflächen für 20 Mobile.
Ganzjährig zugänglich.
Parkgebühr.
200 m zum breiten Sandstrand.
Wanderungen und Radtouren in der Kallesmaersk Heide.
Strandwanderungen auf Skallingen (Dünen und Sandstrand).
Zwei große Parkplätze am Strand. Camping verboten.
Besuch des Blavand Zoo.
Besichtigung von Varde: St.-Jacobi-Kirche, Bürgerhäuser, Kampmannsche Hof, Vardemuseum, Artilleriemuseum.
Besichtigung von Esbjerg: Fischereihafen, Kongensgade, Museum (Bernstein-Ausstellung), Fiskeri- und Sofahtsmuseum, Mahnmal der Fischer, Mennesket ved Havet.
Hafenrundfahrt in Esbjerg.
Fahrt zu den Nordseestränden.
Informationen: Tel. 75 27 90 40.

6830 Norre Nebel Klovergarden Fischteich ** RB - 10

Übernachtungsplatz am Fischteich in ruhiger und schöner Lage.

Bei Anfahrt von Süden (181) 200 m nach dem Ortsanfang Norre Nebel links dem Wohnmobil- und Fisch-Symbol folgen. Nach 1,5 km - 800 m nach dem Ortsende - wird rechts der Platz erreicht (**Kollevej 50**). Koordinaten: 55° 45,89' Nord, 8° 18,16' Ost.

Häuser am Platz.
Ebene Stellflächen für 5 Mobile auf Wiese.
Keine schweren Mobile.
Wiese nach Regenfällen aufgeweicht.
Angeln im Fischteich. Rutenverleih.
Ganzjährig zugänglich.
Aufenthaltsdauer einige Tage.
Parkgebühr.
Wanderungen und Radtouren im Gebiet Blabjerg.
Besichtigung von Varde: St.-Jacobi-Kirche, Bürgerhäuser, Kampmannsche Hof, Vardemuseum, Artilleriemuseum.
Besichtigung von Ringkobing: Kaufmannshäuser, Marktplatz, Vester Strandgade, Zollamt, Ringkobing Museum.
Fahrt zum Henne Nordseestrand.
Ausflug zum Ringkobingfjord.
Informationen: Tel. 20 20 00 26.

6830 Norre Nebel Lunde Ravn ** RB - 11

Wohnmobil- und Caravanplatz hinter einem Bauernhof in sehr ruhiger Lage.

Von Norre Nebel nach Süden fahren (181) und 800 m nach dem Ortsende links Richtung Lunde abbiegen. Nach 4,1 km - 100 m nach dem Ortsanfang Lunde - rechts Richtung Frostruphavn abbiegen (Skolegade). Nach 200 m rechts in den Gamle Lundevej einbiegen. Noch 200 m bis zum Platz links (**Gamel Lundevej 1**). Koordinaten: 55° 45,73' Nord, 8° 22,03' Ost.

Häuser am Platz.
Wasserversorgung und Stromversorgung möglich.
WC und Dusche vorhanden.
Ebene Stellflächen für 5 Mobile oder Caravan.
Ganzjährig zugänglich.
Aufenthaltsdauer nicht begrenzt.
Parkgebühr: 50 DKK für 24 Stunden.
Wanderungen und Radtouren im Gebiet Blabjerg.
Besichtigung von Varde: St.-Jacobi-Kirche, Bürgerhäuser, Kampmannsche Hof, Vardemuseum, Artilleriemuseum.
Besichtigung von Ringkobing: Kaufmannshäuser, Marktplatz, Vester Strandgade, Zollamt, Ringkobing Museum.
Fahrt zum Henne Nordseestrand.
Ausflug zum Ringkobingfjord.
Informationen: Tel. 75 28 20 70.

7200 Grinsted Bibliotek ** RB - 12

Übernachtungsplatz an der Bibliothek in ruhiger und guter Lage.

Bei Anfahrt aus dem Südwesten von Esbjerg (30) Richtung Grinsted Centrum abbiegen und nach 100 m rechts Richtung Centrum fahren (Krogagevej). Nach 600 m links Richtung Bibliotek abbiegen (**Tinghusgade 16**). Noch 100 m bis zum Platz rechts.
Koordinaten: 55° 45,19' Nord, 8° 55,44' Ost.

Häuser und Bibliothek am Platz.
Ebene, asphaltierte Stellflächen für 5 Mobile.
Durch Bäume und Hecken in Abschnitte eingeteilter Platz.
Ganzjährig zugänglich.
Keine Parkgebühr.
Bushaltestelle am Platz.
Tankstelle in der Nähe.
12 min Fußweg zur Ortsmitte.
Besuch der Zoologischen Museums in Grinsted.
Besuch des Legolands in Billund.
Wanderungen und Radtouren.
Fahrt nach Ringkobing und Herning.
Fahrt zur Nordseeküste.

Am Strand von Blavand

Fjorde und Buchten

Am Ringkobing Fjord und am Nissum Bredning

Tour 3

Auf dem Weg zur Nordseeküste besteht in Blahoj südlich von Brande an einem Fischteich die Möglichkeit eine ruhige Nacht zu verbringen (**RK-1**). Angler können hier mehrere Tage verweilen und Fische aus dem Gewässer ziehen. Viele deutsche Angler besuchen Dänemark, um in den zahlreichen Fischteichen die Ruhe zu genießen und zu angeln. Für Angler im fahrbaren Ferienhaus besteht meistens die Möglichkeit in einer reizvollen und ruhigen Umgebung zu bleiben.

Weitere Übernachtungsplätze werden in Tarm Hoven beim Hof Christensen (**RK-2**), am Museum (**RK-3**) und an der Sporthalle angeboten (**RK-4**). Nahe am Ringkobing Fjord kann man auf dem Hof Andersen in Tarm Lonborg übernachten (**RK-5**).

Ein langer, breiter Sandstrand zieht sich an der Nordseeseite des Ringkobing-Fjords auf dem schmalen Landstreifen der Halbinseln Holmsland Klit entlang. Die Norsee und der Fjord sind glänzende Surf- und Segelreviere, Anfänger tummeln sich auf dem meist ruhigen und durch die hohen Dünen windgeschützten Fjord, die Könner und Profis üben bei kräftigen Winden auf der rauhen Nordsee.

Durch eine schmale Fahrrinne gelangen die Schiffe bei Hvide Sande in den Fjord. Auf Holmsland Klit unternehmen die Urlauber lange Spaziergänge am Strand, Reitausflüge und Segeltouren oder sie baden im Meer oder genießen die Sonnentage am Strand und in den Dünen.

Auf der mit dem Fahrzeug über eine Brücke erreichbaren Insel Tipperne im südlichen Fjordgewässer sind viele Vogelarten zu bewundern, seltene Enten, Gänse, Schwäne, aber auch Alpenstrandläufer, Rotschenkel und Säbelschnäbler.

Einen sehr schönen und ruhigen Stellplatz erreicht man an der Küste von Hemmet (**RK-6**). Die Küste mit verschwiegenen kleinen Stränden, einsamen Buchten, seichten, schilfbestandenen Uferstreifen und urtümlichem Dünengelände liegt nur 300 Meter entfernt, ideal zum Wandern und Baden.

Am Flughafen von Stavning beeindruckt eine Sammlung alter Flugzeuge und eine große Modellflugzeugschau, für Hobbyflieger und Flugzeugfans eine Fundgrube.

Westjütland Ringkobing

Südlich der Amtshauptstadt Ringkobing ist am Fjordufer bei Velling der größte Windenergiepark Dänemarks errichtet worden. Jährlich produziert diese gigantische Anlage 30 Gigawattstunden Strom.

Das Stadtbild von Ringkobing wird durch die historischen, engen Gassen und durch die eindrucksvollen Kaufmannshöfe aus dem 18. Jahrhundert bestimmt. Am Marktplatz und in der Vester Strandgade erblickt man die meisten dieser traditionellen Bauten, zum Beispiel das Zollamt und das Hotel Ringkobing aus dem Jahre 1600. Grönländische Exponate sind im Ringköbing Museum zu besichtigen. Neben einer Autowerkstatt findet der Wohnmobilist einen geeigneten Stellplatz (**RK-7**).

In Hee, einige Kilometer nördlich von Ringkobing, sind einige Attraktionen zu sehen und zu erleben, zum Beispiel ein vielseitiger Tierpark, spannende Auto- und Motorradrennen, viel Spaß in einem Badezentrum. In dem Dorf beherrschen traditionsreiche Häuser und rauhes Kopfsteinpflaster das Ortsbild. Am Fischpark findet der Urlauber im rollenden Heim für ein paar Tage ein gutes Zuhause auf einem weitläufigen Parkgelände (**RK-8**).

Auf einem kleinen Bauernhof in Tim-Stadil können 3 Wohnmobile eine Bleibe finden (**RK-9**). Am Ufer des Vest Stadil Fjords kann man in einem Museum an den Dünen hautnah das Leben an der Nordseeküste vor 100 Jahren kennenlernen, das Fischen in der Nordsee, die Rettung Schiffsbrüchiger, die Beseitigung von Strandgut, das Spinnen und Weben in den kleinen Katen, die Einrichtungen in den Häusern.

Parkplatz am Strand von Hemmet

Auf dem Weg ins Landesinnere nach Herning und Ikast bestehen in Videbaek Vorgod und in Vildbjerg zwei Übernachtungsmöglichkeiten (**RK-10** und **RK-11**). In Havnstrup, westlich von Herning, ist ein Kinderparadies entstanden. Viele selten Tiere, Tiger, Giraffen und Seelöwen sind zu beobachten, ein Spielpark verspricht den Kleinen viel Freude und Pony warten auf Ausflüge mit kleinen Reitern.

In Herning, der "Stadt der Heidehöfe und der Schafswolle", erzählt das Herning Museum die Geschichte der Schafszucht in der Heide und die mühselige Heimarbeit der Spinner und Stricker in den Bauernhöfen. Das dänische Fotomuseum schildert die Anfänge der Fotografie bis zu der Technik der heutigen Aufnahmen. Das Herning Kunstmuseum, eine kreisförmige Anlage, stellt die Werke dänischer Künstler aus. Der Innenhof wird durch einen 220 Meter langen Fries aus Keramik, das bekannteste Werk des Künstlers Carl-Henning Pedersen, beherrscht. Im Skulpturenpark sind weitere bedeutsame Werke zu sehen. Ein anderer, 90 Meter langer, großflächiger Keramikfries von Carl-Henning Pedersen schmückt das Pedersen & Alfelts Museum, das die Werke des Künstlerehepaares zeigt.

Skulptur an einem Angelgeschäft

In Haderup Farbaek lädt der Stellplatz am Fischteich zu einem längeren Aufenthalt ein (**RK-12**). Ob Petri-Jünger oder Naturfreund, alle finden auf diesem schönen Platz Ruhe und Entspannung.

Richtung Veno Bugt und Nissum Bredning sollte nun die Reise gehen. Bevor die Küsten erreicht werden, ist ein Stopp in Holstebro geraten, eine Stadt mit eindrucksvollen Skulpturen und abwechslungsreicher Straßenkunst.

Bekannt sind in Holstebro auch das Kunstmuseum, eine Sammlung dänischer Kunst, das Holstebro Museum, Exponate zur Stadtgeschichte und eine Sammlung von 1000 Pfeifen aus aller Welt, das Nielsen og Holm-Moller Museum, eine Austellung mehrerer dänischer Maler.

Auf der Fahrt zum Nissum Bredning kann man auf dem sehr gepflegten Stellplatz an der Museums-Mühle in Humlum A Molle eine Rast einlegen (**RK-13**). 8 km vom Nordseestrand entfernt besteht eine Übernachtungsmöglichkeit in Lemvig Ramme auf dem Hofgelände eines Möbelgeschäftes (**RK-14**).

Ein 14 km langer schmaler Dünenstreifen trennt den ruhigen flachen Nissum Fjord von der rauhen See. In Thorsminde erhält man im Museum einen Einblick in die Kathastrophe am Weihnachtstag 1811, als zwei britische Schiffe in einem Orkan auf die vorgelagerten Sandbänke aufliefen und über 100 Seeleute ums Leben kamen. Auf der höchsten Stelle im Dünenstreifen steht der rote Leuchtturm Bovbjerg Fyr. Eine Landzunge schirmt auch den Nissum Bredning und damit auch den weit ins Land eindringenden Limfjorden vom Meer ab.

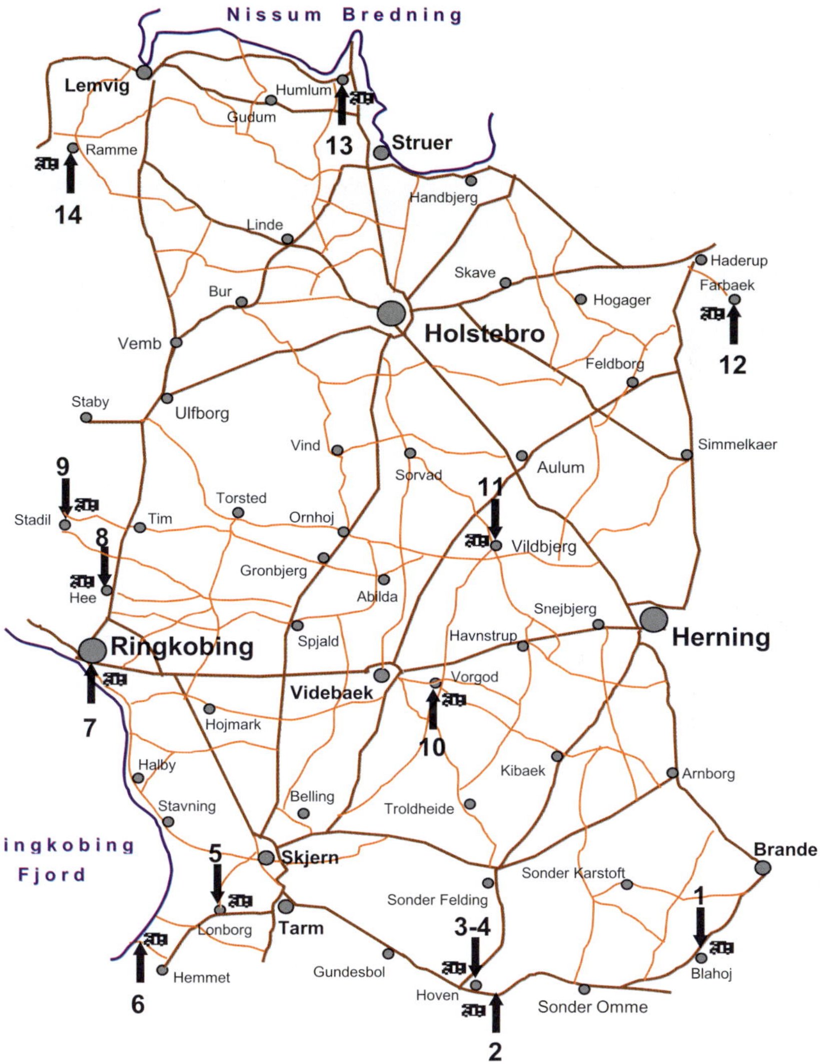

Tour 3

Am Ringkobing Fjord und am Nissum Bredning

Tour 3: **Westjütland Amt Ringkobing**

Nr.	Ort, Bezeichnung	Stellplätze A	Gasthaus	Häuser	WC	Bad See	Ortsnähe B	Entsorg.	Parkdauer C	Parkgebühr D
RK-1	Brande Blahoj, Kalshoj ***	5	-	+	-	-	x	-	T	P
RK-2	Tarm Hoven, Christensen ***	10	-	+	-	-	x	-	1	P
RK-3	Tarm Hoven, Museum *	5	-	+	+	-	3	-	1	0
RK-4	Tarm Hoven, Hoven Hallen **	30	-	+	-	-	5	-	1	0
RK-5	Tarm Lonborg, Andersen **	5	-	+	-	-	x	-	1	P
RK-6	Hemmet, Autocmper Plads ***	20	-	+	+	+	x	-	U	60
RK-7	Ringkobing, Jensen **	5	-	+	-	+	x	-	1	0
RK-8	Ringkobing Hee, Fiskepark ***	30	-	-	-	-	10	-	T	P
RK-9	Tim Stadil, Pedersen *	3	-	-	-	-	15	-	U	50
RK-10	Videbaek Vorgod, Autowerkstadt *	3	+	+	-	-	x	-	1	0
RK-11	Vildbjerg, Prben Kjaer **	3	-	+	-	-	x	-	1	P
RK-12	Haderup Farbaek, Angelteich ****	10	-	-	-	-	x	-	T	P
RK-13	Humlum A Molle, Mühle **	20	-	-	-	+	x	-	1	50
RK-14	Lemvig Ramme, Möbelgeschäft **	5	-	-	-	-	3	-	1	p

Legende

****	sehr ruhige und sehr schöne Lage.
***	sehr ruhige und schöne Lage.
**	ruhige und gute Lage.
*	keine ruhige Lage.
A	Stellplätze gestaffelt nach 3, 5, 10, 20, 30, 50 Wohnmobilen. Dabei wird angenommen, dass nur die Hälfte des Platzes zur Verfügung steht und die andere Hälfte durch PKW belegt ist.
B	Fußweg in Minuten, x über 15 min Fußweg.
C	Aufenthaltsdauer in Tagen.
D	Stellplatzgebühr in Dänischen Kronen pro Wohnmobil und 24 Stunden oder Parkgebühr.
P	Parkgebühr in der Saison.
T	Aufenthaltsdauer einige Tage.
U	Aufenthaltsdauer unbegrenzt.

7330 Brande Blahoj Kalshoj *** RK - 1

Privater **Wohnmobilplatz** an einem Fischteich in ruhiger und sehr schöner Lage.

Auf der 411 von Brande Richtung Sonder Omme fahren. Nach 10 km links in den Buelundvej Richtung Blahoj abbiegen. Nach 400 m rechts Richtung Give und nach 2,6 km links in den Ogelundsvej Richtung Ogelund fahren. Noch 1 km bis zum Stellplatz rechts **(Ogelundsvej).**
Koordinaten: 55° 51,12' Nord, 9° 02,82' Ost.

Bauernhof am Platz.
Wasserversorgung möglich.
Stromversorgung vorhanden.
Aufenthaltsdauer einige Tage.
Stellflächen für 5 Wohnmobile auf Wiesengelände.
Parkgebühr.
Angeln im Fischteich.
Bauernhofprodukte kaufen. (Kartoffeln u. a.).
Besuch des Löwenparks in Givskud.
Besichtigung: Runensteine in Jelling.
Besichtigung von Vejle: Radhus, St. Nikolai-Kirche, Vejle Molle, Kunstmuseum.
Besichtigung von Ringkobing: Kaufmannshöfe, Marktplatz, Ostergade, Norregade, Algade, Zollamt, Museum am Osterport.
Ausflug zur Nordseeküste.
Informationen: Tel. 75 34 53 98.

6880 Tarm Hoven Christensen *** RK - 2

Übernachtungsplatz an einem ehemaligen Bauernhof in sehr ruhiger und schöner Lage.

Von Tarm Richtung Sonder Omme fahren und 300 m nach dem Ortsende Hoven rechts abbiegen (**Orbaekvej 2**). Noch 400 m auf breitem Feldweg bis zum Platz rechts.
Koordinaten: 55° 51,02' Nord, 8° 46,77' Ost.

Häuser am Platz.
Keine Wasser- und Stromversorgung.
Ebene Stellflächen für 10 Mobile auf Kies.
Ganzjährig zugänglich.
Parkgebühr.
Wanderungen und Radtouren im Borris Sonderland.
Besichtigung von Varde: St.-Jacobi-Kirche, Bürgerhäuser, Kampmannsche Hof, Vardemuseum, Artilleriemuseum.
Besichtigung von Ringkobing: Kaufmannshöfe, Marktplatz, Ostergade, Norregade, Algade, Zollamt, Museum am Osterport.
Fahrt zur Nordseeküste.
Fahrt nach Herning.

6880 Tarm Hoven Museum * RK - 3

Übernachtungsplatz am Museum.

Von Tarm Richtung Sonder Omme fahren und 600 m nach dem Ortsanfang Hoven rechts zum Platz an dem Museum abbiegen (**Bredgade 12**). Bei Anfahrt aus dem Osten 600 m nach dem Ortsanfang links zum Platz abbiegen. Koordinaten: 55° 51,04' Nord, 8° 45,57' Ost.

Häuser und Tankstelle am Platz.
Wasserversorgung und WC am Platz.
Hauptstraße in der Nähe.
3 min Fußweg zur Ortsmitte.
Ebene, asphaltierte und befestigte Stellflächen für 5 Mobile.
Ganzjährig zugänglich.
Keine Parkgebühr.
Wanderungen und Radtouren im Borris Sonderland.
Besichtigung von Varde: St.-Jacobi-Kirche, Bürgerhäuser, Kampmannsche Hof, Vardemuseum, Artilleriemuseum.
Besichtigung von Ringkobing: Kaufmannshöfe, Marktplatz, Ostergade, Norregade, Algade, Zollamt, Museum am Osterport.
Fahrt zur Nordseeküste.

6880 Tarm Hoven Hoven Hallen ** RK - 4

Übernachtungsplatz an der Sporthalle.

Von Tarm Richtung Sonder Omme fahren und 600 m nach dem Ortsanfang Hoven links dem Wegweiser Hoven Idraetshallen folgen (**Norre Grenevej**). Noch 200 m bis zum Platz links.
Koordinaten: 55° 51,13' Nord, 8° 45,57' Ost.

Häuser und Sporthalle am Platz.
5 min Fußweg zur Ortsmitte.
Ebene Stellflächen für 30 Mobile auf fester Wiese.
Ganzjährig zugänglich.
Keine Parkgebühr.
Wanderungen und Radtouren im Borris Sonderland.
Besichtigung von Varde: St.-Jacobi-Kirche, Bürgerhäuser, Kampmannsche Hof, Vardemuseum, Artilleriemuseum.
Besichtigung von Ringkobing: Kaufmannshöfe, Marktplatz, Ostergade, Norregade, Algade, Zollamt, Museum am Osterport.
Fahrt zur Nordseeküste.

6880 Tarm Lonborg Andersen ** RK - 5

Übernachtungsplatz an einem ehemaligen Bauernhof in ruhiger Lage.

Bei Anfahrt aus dem Süden (423) 1,2 km nach dem Ortsende Lonborg Richtung Egvad Kirke abbiegen. Nach 300 m zum Platz rechts abbiegen (**Blakildevej 41**).
Koordinaten: 55° 53,93' Nord, 8° 28,74' Ost.

Häuser am Platz.
Wasserversorgung möglich.
Ebene Stellflächen für 5 Mobile auf Wiese.
Ganzjährig zugänglich.
Parkgebühr.
Wanderungen und Radtouren am Ringkobing Fjord.
Besichtigung von Varde: St.-Jacobi-Kirche, Bürgerhäuser, Kampmannsche Hof, Vardemuseum, Artilleriemuseum.
Besichtigung von Ringkobing: Kaufmannshöfe, Marktplatz, Ostergade, Norregade, Algade, Zollamt, Museum am Osterport.
Fahrt zum Holmsland Klit (Landzunge vor dem Ringkobing Fjord).
Informationen: Tel. 97 37 45 90.

6893 Hemmet Skuldbol Autocamper Plads *** RK - 6

Wohnmobilplatz in Strandnähe in sehr ruhiger und schöner Lage.

Westlich von Norre Nebel von der 181 Richtung Tarm abbiegen (423) und durch Hemmet fahren. 1,2 km nach dem Ortsende Hemmet links Richtung Skuldbol abbiegen. Nach 3 km dem Wohnmobl-Symbol links folgen (**Skuldbolvej 9**) und nach 100 m links zur Wiese fahren.
Koordinaten: 55° 52,48' Nord, 8° 20,44' Ost.

Häuser am Platz.
Keine Stromversorgung möglich.
WC und Dusche. Gebühr 1,40 €.
Waschmaschine und Küche vorhanden. Gebühr 2,80 €.
Ebene und leicht schräge Flächen für 20 Mobile auf fester Wiese.
Ganzjährig zugänglich. Aufenthaltsdauer nicht begrenzt.
Parkgebühr: 8,40 € oder 60 DKK für 24 Stunden.
300 m zum Strand mit einer Sandbucht.
Wanderungen und Radtouren am Ringkobing Fjord.
Besichtigung von Varde: St.-Jacobi-Kirche, Bürgerhäuser, Kampmannsche Hof, Vardemuseum, Artilleriemuseum.
Besichtigung von Ringkobing: Kaufmannshöfe, Marktplatz, Ostergade, Norregade, Algade, Zollamt, Museum am Osterport.
Fahrt zum Holmsland Klit (Landzunge vor dem Ringkobing Fjord).
Informationen: Tel. 24 23 40 17.

6950 Ringkobing Jensen ** RK - 7

Gepflegter **Wohnmobilplatz** neben einer Autowerkstatt in ruhiger und schöner Lage.

Auf der 28 von Skjern links abbiegen Richtung Ringkobing (Herningvej). Nach 5,5 km rechts in den Hugbogvej und nach 100 m rechts in den **Birkmosevej 6-8** fahren.
Koordinaten: 56° 05,30' Nord, 8° 16,03' Ost.

Ebenes Wiesengelände mit Picknickbänken.
Wasserversorgung möglich.
Stromversorgung nach Absprache möglich.
Entsorgung an der Kläranlage von Ringkobing.
Stellflächen für 5 Wohnmobile.
Keine Parkgebühr.
Strandnähe.
Angelmöglichkeiten.
Surfen auf dem Ringkobing Fjord.
Reiten und Strandwandern auf der Landenge Holmsland Klit.
Besichtigung von Ringkobing: Kaufmannshöfe, Marktplatz, Ostergade, Norregade, Algade, Zollamt, Museum am Osterport.
Fahrt zur Nordseeküste.
Informationen: Tel. 97 32 27 39.

6950 Ringkobing Hee Fiske- & Familienpark West *** RK - 8

Großer **Übernachtungsplatz** am Fiske- & Familienpark West in sehr ruhiger und sehr schöner Lage.

In Hee auf den Hovervej einbiegen. Noch 500 m bis zum Stellplatz **(Hovervej 56)**.
Koordinaten: 56° 08,53' Nord, 8° 17,77' Ost.

Ebenes großes Wiesengelände.
Ebene und leicht schräge Stellflächen für 30 Wohnmobile.
Parkgebühr in der Saison (1.4.-30.09.).
Campingplatz in der Nähe.
10 Min. Fußweg zur Ortsmitte.
Tankstelle im Ort.
Angeln und Spielen im Familienpark mit 50 Attraktionen. Tierpark, Autorennen, Badespaß.
Besichtigung: Kirche von Olstrup, Alte Flugzeugsammlung in Stravningi.
Surfen auf dem Ringkobing Fjord.
Reiten und Strandwandern auf der Landenge Holmsland Klit.
Besichtigung von Ringkobing: Kaufmannshöfe, Marktplatz, Ostergade, Norregade, Algade, Zollamt, Museum am Osterport.
Fahrt zur Nordseeküste.
Informationen: Tel. 97 33 54 11.
Internet: www.fiskeogfamiliepark.dk.

6980 Tim Stadil Pedersen * RK - 9

Privater **Übernachtungsplatz** an einem kleinen Bauerhof.

Von Ringkobing 16/28 Richtung Stadil fahren. Dem Schild Stadil folgend rechts abbiegen. Noch 2 km bis zum Bauernhof links **(Bjerregaerdsvej 15).**
Koordinaten: 56° 12,53' Nord, 8° 15,50' Ost.

Ebene und leicht schräge Stellflächen auf Wiese für 3 Wohnmobile.
Wasserversorgung möglich.
Aufenthaltsdauer unbegrenzt.
Parkgebühr: 50 DKK für 24 Stunden.
15 min Fußweg zum Ort.
Geschäfte im Ort.
Surfen auf dem Ringkobing Fjord.
Reiten und Strandwandern auf der Landenge Holmsland Klit.
Besichtigung von Ringkobing: Kaufmannshöfe, Marktplatz, Ostergade, Norregade, Algade, Zollamt, Museum am Osterport.
Fahrt zur Nordseeküste.
Ausflug zum Nimfjorden.
Informationen: Tel. 97 33 10 36.

6920 Videbaek Vorgod Autowerkstatt * RK - 10

Wohnmobilplatz an einer kleinen Autowerkstatt.

Auf der 15 Richtung Herning fahren. Links Richtung Vorgod abbiegen (EGNS Museum). Nach 3,3 km rechts in den **Egerisvej 1** fahren. Koordinaten: 56° 05,02' Nord, 8° 42,21' Ost.

Häuser am Platz.
Wasser und Strom gegen Gebühr.
Ebene geschotterte Stellflächen für 3 Wohnmobile.
Keine Parkgebühr.
Wanderungen und Radtouren in Südjütland.
Besichtigung von Herning: Pedersen & Alfelts Museum, Elia, Blichermuseet, Danmarks Fotomuseum, Kunstmuseum.
Besichtigung von Ringkobing: Kaufmannshöfe, Marktplatz, Ostergade, Norregade, Algade, Zollamt, Museum am Osterport.
Fahrt nach Havnstrup zum Jyllands Mini Zoo.
Fahrt zur Nordseeküste.
Ausflug zum Nimfjorden.
Informationen: Tel. 97 17 53 46.

7480 Vildbjerg Preben Kjaer ** RK - 11

Kleiner **Übernachtungsplatz** an einem ehemaligen Bauernhof in ruhiger und schöner Lage.

Von der 467 Richtung Aulum und auf die 471 Richtung Vildsbjerg fahren. Nach 5 km links und nach 300 m rechts abbiegen. Am Ende der Straße wieder rechts fahren. Nach 100 m wird der Stellplatz rechts erreicht **(Ostergade 60)**
Koordinaten: 56° 11,43' Nord, 8° 47,17' Ost.

Wiesengelände hinter dem Gebäude.
Ebene und leicht schräge Stellflächen für 3 Wohnmobile.
Parkgebühr.
Wasserversorgung möglich.
Wanderungen und Radtouren in Südjütland.
Besichtigung von Herning: Pedersen & Alfelts Museum, Elia, Blichermuseet, Danmarks Fotomuseum, Kunstmuseum.
Besichtigung von Viborg: Dom, Skovgaard Museum, Stadtpark Borgvold, Kunst- und Kulturhaus Braenderigarden.
Fahrt nach Havnstrup zum Jyllands Mini Zoo.
Ausflug zum Nimfjorden.
Informationen: Tel. 97 13 25 67.

7540 Haderup Farbaek Angelteich **** RK-12

Übernachtungsplatz an einem Angelteich in sehr ruhiger und sehr schöner Lage.

Von Holstebro auf der 16 Richtung Viborg fahren. Rechts Richtung Haderup abbiegen. In Haderup Richtung Hostrup fahren. Nach 1 km rechts abbiegen Richtung Over Hostrup. Noch 4 km bis zum Ziel **(Farbaekvej 20).** Koordinaten: 56° 21,88' Nord, 9° 03,33' Ost.

Ebene und leicht schräge Stellflächen auf Wiesengelände für 10 Wohnmobile.
Parkgebühr.
Blick auf den Angelteich. Angeln im Fischteich.
Bauernhof am Stellplatz.
Große Liegewiese mit Grillstelle.
Spielplatz vorhanden.
Ver- und Entsorgung möglich.
Müllentsorgung am Platz.
Behindertengerechte Sanitäranlage.
Schmale Zufahrt. Niedrige dünne Äste.
Besichtigung von Holstebro: Kunstmuseum, Bornhuset, Nielsen und Holm-Moller Museum.
Besichtigung von Viborg: Dom, Skovgaard Museum, Stadtpark Borgvold, Kunst- und Kulturhaus Braenderigarden.
Wanderungen und Radtouren in Jütland.
Ausflug zum Nimfjorden.
Informationen: Tel. 97 45 62 62 oder 97 45 61 67.

7600 Humlum A Molle Museum und Mühle ** RK-13

Großer gepflegter **Stellplatz** an einem Museum mit Mühle in sehr schöner Lage.

Von Lemvig kommend auf der 565 Richtung Humlum fahren. Nach 1 km wird der Stellplatz rechts erreicht **(Remmelstrandvej 186)**.
Koordinaten: 56° 32,52' Nord, 8° 30,19' Ost.

Großes Wiesengelände.
Ebene und leicht schräge Stellflächen für 20 Wohnmobile.
Sanitäranlage am Platz.
Tische und Bänke am Platz.
Parkgebühr: 50 DKK. Zahlbar an der Kasse in der Mühle.
Badestrand 100 m entfernt.
Blick auf den See.
Angeln im See.
Besichtigung: Mühle und Museum.
Fahrt nach Holstebro: Kunstmuseum, Bornhuset, Nielsen und Holm-Moller Museum.
Schwimmen und Surfen im Nissum Bredning.
Fahrt nach Struer, Skive und Viborg.
Ausflug zum Nimfjorden.

7620 Lemvig Ramme Möbelgeschäft ** RK-14

Gepflegter **Übernachtungsplatz** auf dem Hofgelände in ruhiger Lage.

Auf der 28 Richtung Lemvig fahren. In Ramme wird der Stellplatz hinter dem Möbelgeschäft erreicht **(Stroggade 11).**
Koordinaten: 56° 29,50' Nord, 8° 13,05' Ost.

Häuser und Geschäfte am Platz.
Ebene und leicht schräge geschotterte Stellflächen für 5 Wohnmobile.
Parkgebühr.
Stellplatz in der Ortsmitte.
8 km bis zum Strand.
Besichtigung: Stadtmuseum Lemvig.
Besichtigung in Stuer: Bang & Olufsen.
Wandern auf dem Planetenpfad in Lemvig.
Fahrt zur Nordseeküste.
Fahrt nach Struer, Skive und Viborg.
Ausflug zum Nimfjorden.

Wo Nord- und Ostsee sich vereinen

In Nordjütland

Tour 4

An der Nordspitze Jütlands, am Skagerrak und Kattegat vereinen sich die beiden Meere. Hier endet Dänemark. Ganz gleich, wohin man in Nordjütland fährt, überall trifft man das Meer. Der Fisch, die frisch gefangene Scholle aus der Nordsee oder ein köstlicher Dorsch aus der Ostsee, ist das beliebteste Nahrungsmittel. In den Häfen drängen sich an den Kais die Kutter und Fischerboote. Viele Fischer verkaufen ihren frischen Fang direkt von Bord, meistens Leckerbissen für alle Leute im Haus auf vier Rädern.

Man startet die Reise durch den Norden Jütlands am besten am Limfjorden und übernachtet am Bootshafen von Spottrup Vester Haerup in einer sehr ruhigen und reizvollen Umgebung (**NJ-1**). Der breite, verschlungene Limfjorden, ein Labyrinth aus Wasser und Land, ist ein Paradies für Wassersportler, Strandurlauber und Naturfreunde. Der Limfjorden bildet eine 180 Kilometer lange Wasserstraße in west-östlicher Richtung zwischen den beiden Meeren und trennt Nordjütland von der Landmasse Süd-, West- und Ostjütlands. Zwischen den Nord- und Südufern des Meeresarmes verkehren kleine Fähren, die je nach Breite des Gewässers zwischen zwei und zwanzig Minuten für die Überfahrt benötigen.

Südlich des Limfjorden bestehen in Roslev (**NJ-2**), auf der Insel Mors in Ejerslev (**NJ-3**) und nördlich des Meeresarms in Snedsted (**NJ-4** und **NJ-5**) und in Bedsted (**NJ-6**) sehr gute Übernachtungsmöglichkeiten in der Nähe von Badestränden. Ein sehr schöner Ausflug von Bedsted und Snedsted führt zum Thyboren-Kanal, dem schmalen Durchbruch des Limfjorden zur Nordsee. In der ehemaligen Auktionshalle des Fischerortes Thyboren ist das Fischerei-Museum untergebracht. Umfangreiche Erkenntnisse und hautnahe Erlebnisse über die Sicherung der Küstenlinie bekommt man in der Erlebniswelt des 2001 eröffneten Kystcentret.

Aus dem 11. Jahrhundert, als Vesterwig Bischofssitz für Nordjütland war, stammt die beeindruckende, dreischiffige Basilika, die größte Dorfkirche Dänemarks. Die Küstenlandschaft Thy prunkt mit sehr breiten, feinen Sandstränden. Zum Hanstholmer Vildreservat gehören ausgedehnte Heideflächen, abwechslungsreiche Dünengebiete und flache Strandseen.

Strandfischer am Strand von Lokken

Auf dem Weg nach Skagen kann man sein fahrbares Zuhause auf den Raststätten Store Vildmose in der Nähe von Broderslev von allem Ballast befreien und mit dem Notwendigen versorgen (**NJ-7** und **NJ-8**).

Nordjütland

Ein Abstecher zu den goldgelben Stränden der Jammerbucht zwischen Blokhus und Lokken lohnt sich immer. Sehenswert ist das Geschäft der Strandfischerei. Die Kutter dümpeln nicht im Hafen, sondern werden mit Stahlseilen auf den Strand gezogen oder ins Meer gehievt. Der Leuchtturm Rubjerg Fyr versinkt bei Rubjerg Knude im Sand. Verschüttet durch den ewigen Westwind sind schon die unteren Gebäudeteile von der 80 Meter hohen Wanderdüne. Im Ortsteil Vittrup von Lokken kann man die rollende Landjacht auf einem Bauernhof in einer ruhigen und reivollen Umgebung abstellen (**NJ-9**).

In der Innenstadt von Hjorring haben Künstler viele Skulpturen und Monumente aufgestellt, die bei einem Einkaufsbummel bewundert werden können. Werke moderner Künstler sind im Kunstmuseum ausgestellt. Kunsthandwerkliche Erzeugnisse und vorgeschichtliche Funde präsentiert das Historische Museum. In Hjorring findet man auf einem Bauernhof eine gute Übernachtungsmöglichkeit (**NJ-10**). Zwischen den Meeren kann man in Tars bei einem Wohnmobilhändler das Fahrzeug abstellen und auch ver- und entsorgen (**NJ-11**).

Landschaft bei Skagen

Die äußerste Spitze des dänischen Landes erreicht man bei Genen nördlich von Skagen. Der Strand der Nordsee am Skagerrak wird durch die Westwinde ständig verbreitert, die Strände im Süden an der Küste des Kattegat werden von der Ostsee laufend abgetragen. Diese einmalige Landschaft, die sich in ständigem Lichtwechsel befindet, erschließt sich dem Touristen am besten auf Wander- oder Radtouren.

In Skagen beeindruckt der Hafen mit unzähligen Segelbooten, malerischen Fischkuttern und schmucken alten Fischerhäusern. Sehenswert sind auch die niedrigen, gelben Häuser in Gammel (Alt) Skagen. Berühmt sind die Museen in der Stadt, das Skagen Museum mit Skulpturen und Gemälden, das Ravmuseum, eine großartige Bernsteinsammlung, das Naturhistorische Museum mit gründlichen Erläuterungen über die Landschaft an den zwei Meeren und für Kinder das Bamsemuseum, eine Geschichte des Teddybären.

Landschaft bei Skagen

Südlich von Skagen stehen in Albaek zwei Stellplätze im Ort (**NJ-12**) und am Bootshafen (**NJ-13**) für den Urlauber im mobilen Heim zur Verfügung. Zwei schöne und ruhige Stellplätze sind in Frederikshavn im Ortsteil Kvissel **NJ-14)** und am Bootshafen (**NJ-15**) zu benutzen. Auf beiden Plätzen können auch Caravan und Gespanne mehrere Tage unterkommen.

Nordjütland

Im großen Hafen von Frederikshavn liegen die Fähren nach Skandinavien, warten die Eisbrecher auf den Winter, dümpeln die Fischerboote und die Sportboote. Am Kai liegen immer historische Schiffe und die Schiffe der dänischen Marine. Der weiße Pulverturm am Hafen aus dem 17. Jahrhundert ist das Wahrzeichen der Stadt. Nördlich vom Fischereihafen streift man durch die verschlungenen Gassen des Fischerviertels. Vom 58 Meter hohen Cloosturm blickt man weit über Land und Meer.

In Dronningslund Flauenskjold kann man das große und ruhig gelegene Wiesengelände des Wohnmobilhafens als Aufenthaltsort nutzen (**NJ-16**). Einen weiteren schönen Wohnmobilplatz findet man am Bootshafen in Saeby Voersa (**NJ-17**). Der natürliche Hafen von Saeby wurde schon zu den Zeiten der Wikinger benutzt. Heute versammeln sich in dem geschützten Hafenbecken Segeljachten und Fischkutter. Die weiße Marienkirche mit sehenswerten Fresken ist der Rest eines Karmeliter-Klosters aus dem 16. Jahrhundert. Der Saebygard, ein alter, von breiten Wallgräben umgebener Herrensitz, war zunächst ein Bischofssitz, später Wohnsitz erfolgreicher dänischer Admirale.

Für die Übernachtung ist der Wohnmobilplatz am Bootshafen in Asaa empfehlenswert (**NJ-18**). Die Wasser- und Stromversorgung ist gewährleistet. Am Hafen sind Geschäfte und Gaststätten schnell zu erreichen. Von hier aus kann man zur Besichtigung von Aalborg, Hauptstadt Nordjütlands, starten und vorher sein Ferienhaus auf Rädern an der Raststätte Hjallerup von allem überflüssigen Ballast befreien (**NJ-19**).

Ein Rundgang durch die Altstadt von Aalborg führt durch das Viertel der Kaufleute, am Jens Bangs Stenhus, Dänemarks schönstem Bürgerhaus aus der Renaissance vorbei, zum Rathaus und Wahrzeichen der Stadt, bis zu dem barocken Glockenturm der Budolfi Kirke. Das Historische Museum zeigt Exponate zur Frühgeschichte und zur Geschichte der Stadt. In der näheren Umgebung sollte man das Aalborg-Kloster, das Schloss Aalborghus, den Vergnügungspark Tivoliland, das Nordjyllands Kunstmuseum und das Sofarts- und Marinemuseum besuchen.

Die Kirche in Roslev

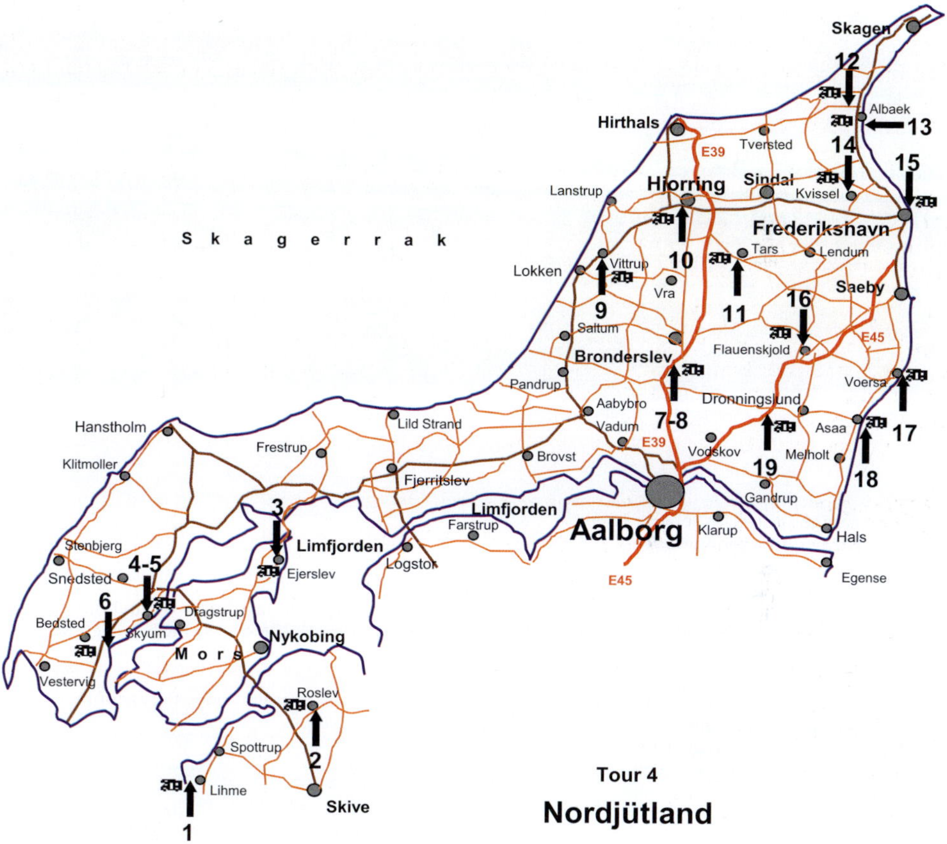

Tour 4

Nordjütland

Tour 4: **Nordjütland**

Nr.	Ort, Bezeichnung	Stell-plätze A	Gast-haus	Häu-ser	WC	Bad See	Orts-nähe B	Ent-sorg.	Park-dauer C	Park-gebühr D
NJ-1	Spottrup, Bootshafen ****	5	+	+	-	+	x	+	1	90
NJ-2	Roslev, Bak *	3	-	+	-	-	x	-	1	0
NJ-3	Nykobing Mors Ejerslev, Dissing ***	10	-	-	-	+	x	-	1	P
NJ-4	Snedsted Skyum, Nielsen ***	3	-	+	-	+	x	-	1	50
NJ-5	Snedsted Skyum, Foget ***	5	-	-	-	+	x	-	1	50
NJ-6	Bedsted Thy, Gudnaesgard ***	5	-	+	-	+	x	-	1	50
NJ-7	Bronderslev, Raststätte Ost *	10	+	-	+	-	x	+	1	0
NJ-8	Broderslev, Raststätte Vest *	10	+	-	+	-	x	+	1	0
NJ-9	Lokken Vittrup, Family Farm ***	10	+	+	-	-	x	-	1	70
NJ-10	Hjorring, Pedersen ***	10	-	+	-	-	x	-	1	P
NJ-11	Tars, Wohnmobilhändler **	3	-	-	-	-	5	+	2	0
NJ-12	Albaek, Gyllegaard Galleri **	5	-	+	-	-	x	+	2	P
NJ-13	Albaek, Bootshavn **	5	-	+	+	+	10	-	1	P
NJ-14	Frederikshavn Kvissel, Hansen ***	10	-	+	-	-	x	+	U	75
NJ-15	Frederikshavn, Bootshavn ***	20	-	+	+	-	x	+	1	100
NJ-16	Dronninglund, Mobilhafen ***	50	-	+	-	-	x	+	1	P
NJ-17	Saeby Voersa, Bootshafen ***	10	-	+	-	-	10	+	1	100
NJ-18	Asaa, Bootshafen ***	15	+	+	+	-	15	-	1	P
NJ-19	Hjallerup, Raststätte Ost *	10	+	-	+	-	x	+	1	0

Legende

****	sehr ruhige und sehr schöne Lage.
***	sehr ruhige und schöne Lage.
**	ruhige und gute Lage.
*	keine ruhige Lage.
A	Stellplätze gestaffelt nach 3, 5, 10, 20, 30, 50 Wohnmobilen. Dabei wird angenommen, dass nur die Hälfte des Platzes zur Verfügung steht und die andere Hälfte durch PKW belegt ist.
B	Fußweg in Minuten, x über 15 min Fußweg.
C	Aufenthaltsdauer in Tagen.
D	Stellplatzgebühr in Dänischen Kronen pro Wohnmobil und 24 Stunden oder Parkgebühr.
P	Parkgebühr in der Saison.
T	Aufenthaltsdauer einige Tage.
U	Aufenthaltsdauer unbegrenzt.

7860 Spottrup Vester Haerup Bootshafen **** NJ - 1

Wohnmobilplatz am Boothafen in ruhiger und sehr schöner Lage.

Von Lem Richtung Lihme auf der Vesterbrogade fahren. In Lihme links in die Adelgade Richtung Gyldendal abbiegen. Nach 2,9 km rechts wird der Hafen erreicht **(Vester Haerup Strandvej)**.
Koordinaten: 56° 34,83' Nord, 8° 42,70' Ost.

Häuser am Platz.
Restaurant im Hafen.
Ver- und Entsorgung am Stellplatz.
(Entsorgung am Weg zum Restaurant).
Stromversorgung möglich. 10 DKK.
Müllentsorgung am Platz.
Parkgebühr: 90 DKK für 24 Stunden.
Ganzjährig zugänglich.
Ebene Stellflächen für 5 Mobile.
(Im Winter für 1 Mobil).
Sanitäranlage im Restaurant und Clubhaus.
Badestrand, Liegewiese mit Tisch und Bänken.
Blick aufs Wasser.
Segeln möglich.
Spielplatz vorhanden.
Kulturhistorisches Museum in Skive.
Fahrt zur Insel Fur. Besichtigung der Steilküste.
Besuch der Burg Spottrup.
Wanderungen und Radtouren in Jütland.
Besichtigung von Viborg: Dom, Altstadt,
Kunst- und Kulturhaus Braenderigarden,
Kalkminen Monsted und Daugbjerg.

7870 Roslev Bak * NJ - 2

Wohnmobilplatz im Ort in ruhiger Lage.

In Roslev Richtung Salingsund (26n) fahren. Rechts Richtung Tondering abbiegen. Nach 4 km links in den Tonderingvej. Noch 100 m bis zum Platz links **(Tonderingvej 50)**.
Koordinaten: 56° 44,43' Nord, 8° 58,62' Ost.

Häuser am Platz.
Ganzjährig zugänglich.
Ebene, geschotterte Stellflächen für 3 Mobile.
Keine Parkgebühr.
Fahrt zur Insel Mors im Limfjord:
Radtouren auf der Insel
und Wanderungen an der Steilküste.
Besuch der Burg Spottrup.
Kulturhistorisches Museum in Skive.
Fahrt zur Insel Fur. Besichtigung der Steilküste.
Ausflug zum Limfjorden.
Besichtigung von Viborg: Dom, Altstadt,
Kunst- und Kulturhaus Braenderigarden,
Kalkminen Monsted und Daugbjerg.
Informationen: Tel. 97 59 23 44.

7900 Nykobing Mors Ejerslev Dissing *** NJ - 3

Wohnmobilplatz an einem See in sehr ruhiger und schöner Lage.

Auf der 581 Richtung Feggesund rechts Richtung Ejerslev abbiegen. Nach 5,2 km, in Ejerslev, rechts dem Schild Strand folgen. Nach 1,5 km wird der Platz erreicht **(Strandvaenget 77)**.
Koordinaten: 56° 54,47' Nord, 8° 54,52' Ost.

Blick auf den See.
Wasserversorgung am Bauernhof möglich.
Stromversorgung 15 DKK.
Ebene Stellflächen für 10 Mobile auf Wiesengelände.
Parkgebühr.
Badestrand mit Badesteg und Liegewiese.
Windsurfen möglich.
Besuch des Morsland Historiske Museum in Nykobing Mors.
Besichtigung des Mühlenmuseum (5 km).
Radtouren auf der Insel Mors im Limfjorden
und Wanderungen an der Steilküste.
Besuch des Jesperhus Blomsterpark.
Ausflug zum Limfjorden.
Ausflug zur Insel Mors.
Informationen: Tel. 97 75 12 16.

7752 Snedsted Skyum Nielsen *** NJ - 4

Privater **Wohnmobilplatz** an einem Bauernhof in sehr ruhiger und schöner Lage.

Auf der 26 Richtung Thisted fahren und links abbiegen Richtung Skyum. Nach 7,3 km links in den Osterstrandsvej einbiegen. Nach 750 m wird der Stellplatz **(Osterstrandvej 1)** links erreicht.
Koordinaten: 56° 49,63' Nord, 8° 34,21' Ost.

Häuser am Platz.
Wasserversorgung möglich.
Stromversorgung 15 DKK.
Geschotterte, ebene Stellflächen für 3 Mobile.
Parkgebühr: 50 DKK für 24 Stunden.
Badestrand in der Nähe.
Etwas schmale Zufahrt.
Wanderungen und Radtouren in Jütland.
Fahrt zur Insel Mors im Limfjord:
Radtouren auf der Insel
und Wanderungen an der Steilküste.
Besuch des Morsland Historiske Museum in Nykobing Mors.
Fahrt zur Nordseeküste.
Informationen: Tel. 97 93 61 27.

7752 Snedsted Skyum Foget *** NJ - 5

Privater **Wohnmobilplatz** an einem Bauernhof in sehr ruhiger und schöner Lage.

Auf der 26 Richtung Thisted fahren und links abbiegen Richtung Skyum. Nach 5 km links in den Skyumbjergvej einbiegen und dem Wohnmobilschild folgen. Noch 200 m bis zum Stellplatz **(Skyumbjergvej 105).**
Koordinaten: 56° 50,65' Nord, 8° 35,81' Ost.

Blick auf den See.
Badestrand in der Nähe.
Bauernhof am Platz.
Wasserversorgung möglich.
Müllentsorgung am Bauernhof.
Stromversorgung 15 DKK.
Stellflächen für 5 Mobile auf Wiese.
Parkgebühr: 50 DKK für 24 Stunden.
Badestrand in der Nähe.
Etwas schmale Zufahrt.
Ganzjährig zugänglich.
Wanderungen und Radtouren in Jütland.
Fahrt zur Insel Mors im Limfjord: Radtouren auf der Insel und Wanderungen an der Steilküste.
Besuch des Morsland Historiske Museum in Nykobing Mors.
Fahrt zur Nordseeküste.
Informationen: Tel. 97 93 62 67

7755 Bedsted Thy Gudnaesgard *** NJ - 6

Privater **Wohnmobilplatz** an einem Bauernhof in sehr ruhiger und schöner Lage.

Auf der 26 Richtung Thisted fahren und links abbiegen Richtung Skyum. Nach 10 km links in den Gudnaesvej Richtung Gudnaes fahren. Nach 1,1 km links (**Gudnaesvej 12**) zum Platz abbiegen.
Koordinaten: 56° 48,48' Nord, 8° 31,17' Ost.

Häuser am Platz.
Wasserversorgung möglich.
Stromversorgung 15 DKK.
Geschotterte, ebene Stellflächen für 5 Mobile.
Parkgebühr: 50 DKK für 24 Stunden.
Badestrand in der Nähe.
Wanderungen und Radtouren in Jütland.
Fahrt zur Insel Mors im Limfjord: Radtouren auf der Insel und Wanderungen an der Steilküste.
Besuch des Morsland Historiske Museum in Nykobing Mors.
Fahrt zur Nordseeküste.
Informationen: Tel. 97 94 60 22.

9700 Bronderslev Autobahn E39 Store Vildmose Ost * NJ - 7

Übernachtungsplatz an der Raststätte Store Vildmose Ost.

Von der Auffahrt 8 (Tylstrup) in nördliche Richtung zur Raststätte Store Vildmose Ost fahren und an der Ausfahrt 7 (Branderlev) wieder abfahren.
Koordinaten: 57° 13,16' Nord, 9° 56,24' Ost.

Raststätte am Platz.
Tankstelle und Verkaufsshop.
Ebene Stellflächen für 10 Mobile.
Ver- und Entsorgung am Stellplatz.
Wasserversorgung und WC am Platz.
Mülltonnen am Stellplatz.
Keine Parkgebühr.
Aufenthaltsdauer 1 Nacht.
Besuch des Schlosses Clausholm in Randers.
Besichtigung von Aalborg: Aussichtsturm Tarnet,
Nordjyllands Kunstmuseum, Jens Bangs Stenhus,
Schloss Aalborghus.
Fahrt nach Frederikshavn.
Ausflug nach Skagen.
Informationen: Tel. 80 20 01 23.

9700 Bronderslev Autobahn E39 Store Vildmose Vest * NJ - 8

Übernachtungsplatz am Rastplatz Store Vildmose Vest.

Von der Auffahrt 7 (Branderlev) in südliche Richtung zur Raststätte Store Vildmose Vest fahren und an der Ausfahrt 8 (Tylstrup) wieder abfahren.
Koordinaten: 57° 13,51' Nord, 9° 56,52' Ost.

Raststätte am Platz.
Ebene Stellflächen für 10 Mobile.
Ver- und Entsorgung am Stellplatz.
Wasserversorgung und WC am Platz.
Mülltonnen am Stellplatz.
Keine Parkgebühr.
Aufenthaltsdauer 1 Nacht.
Besuch des Schlosses Clausholm in Randers.
Besichtigung von Aalborg: Aussichtsturm Tarnet,
Nordjyllands Kunstmuseum, Jens Bangs Stenhus,
Schloss Aalborghus.
Fahrt nach Frederikshavn.
Ausflug nach Skagen.

9480 Lokken Vittrup   Family Farm Fun Park ***   NJ - 9

Privater **Wohnmobilplatz** an einem Bauernhof in sehr ruhiger und schöner Lage.

Von Aalborg auf der 55 Richtung Hirtshals fahren. In Vittrup, 500 m nach dem Ortseingangsschild links abbiegen in den Lyngbyvej. Noch 1,3 km bis zum Stellplatz **(Lyngbyvej 86)**.
Koordinaten: 57° 23,80' Nord, 9° 45,93' Ost.

Häuser am Platz.
Cafeteria und Kiosk im Funpark.
Wasserversorgung möglich.
Stromversorgung 10 DKK.
Müllentsorgung am Platz.
Stellflächen für 10 Mobile auf Wiese.
Parkgebühr: 70 DKK pro Übernachtung.
Spielplatz vorhanden.
Reiten möglich. Liegewiese vorhanden.
Bootfahren auf dem See.
Streichelzoo in der Nähe.
Fahrt zum Borglum Kloster.
Fahrt zur Steilküste Rubjerg Knude bei Lønstrup.
Besichtigung der Wanderdünen.
Besuch des Nordseemuseum in Hirtshals.
Wanderungen und Radtouren in Nordjütland.
Fahrt zur Nordseeküste. Baden im Meer.
Informationen: Tel. 98 99 64 40, www.family-farm.dk.

9800 Hjorring   Pedersen ***   NJ - 10

Privater **Wohnmobilplatz** an einem Bauernhof in sehr ruhiger und schöner Lage.

Auf der 35 Richtung Frederikshavn nach Hjorring fahren. In Hjorring im Kreisel rechts Richtung Saeby (553). Nach 300 m links Richtung Hjorring Erhverrsparte abbiegen. Nach 1,9 km rechts in den Bredkaervej. Noch 1,1 km bis zum Stellplatz **(Bredkaervej 89).**
Koordinaten: 57° 26,42' Nord, 10° 03,14' Ost.

Häuser am Platz.
Ver- und Entsorgung möglich.
Stromversorgung vorhanden.
Stellflächen für 10 Mobile auf Wiesengelände.
Parkgebühr.
Haustiere willkommen.
Besuch des Wildgeheges.
Fahrt zum Borglum Kloster.
Fahrt zur Steilküste Rubjerg Knude bei Lønstrup.
Besichtigung der Wanderdünen.
Besuch des Nordseemuseum in Hirtshals.
Besuch des Adlerreservat von Tuen.
Wanderungen und Radtouren in Nordjütland.
Fahrt zur Nordseeküste. Baden im Meer.
Informationen: Tel. 98 96 30 64.

9030 Tars Wohnmobilhändler ** NJ - 11

Gepflegter **Wohnmobilplatz** bei einem Wohnmobilhändler in ruhiger Lage.

Auf der E 39 Richtung Aalborg fahren und an der Ausfahrt 4 Hjorrings abfahren. Auf der 553 nach Tars fahren. Im Kreisel links abbiegen Richtung Stadion. Noch 400 m bis zum Stellplatz links hinter dem Gebäude **(Damhusvej 23)**.
Koordinaten: 57° 23,37' Nord, 10° 06,88' Ost.

Häuser am Platz.
Geschäfte und Restaurant im Ort (5 Gehminuten).
Sanitäranlage während der Ladenöffnungszeiten zugänglich.
Ver- und Entsorgung kostenlos 24 Stunden möglich.
Stromversorgung kostenpflichtig nach Absprache.
Geschotterte, ebene Stellflächen für 3 Mobile.
Schatten durch Bäume.
Keine Parkgebühr.
Ganzjährig zugänglich.
Aufenthaltsdauer: max. 48 Stunden
Besuch des Nordseemuseum in Hirtshals.
Besuch des Adlerreservat von Tuen.
Wanderungen und Radtouren in Nordjütland.
Fahrt zur Nordseeküste. Baden im Meer.
Informationen: Tel. 98 96 21 88.

9982 Albaek Gyllegaard Galleri ** NJ - 12

Wohnmobilplatz an einer Galerie in schöner Lage.

Auf der E 39 aus Hirtshals an der ersten Abfahrt auf die 597 Richtung Skagen nach Albaek fahren. 2 km vor Albaek erreicht man den Platz auf der linken Seite **(Hirtshalsvej 48)**.
Koordinaten: 57° 36,39' Nord, 10° 25,03' Ost.

Gebäude am Platz. Geräusche von naher Straße.
Golfanlage und Strand in 1 km Entfernung.
Ver- und Entsorgung möglich.
Keine Stromversorgung.
Geschotterte, ebene Stellflächen für 5 Mobile.
Picknickbänke am Platz.
Parkgebühr.
Ganzjährig zugänglich.
Aufenthaltsdauer: max. 48 Stunden
Besuch der Galerie.
Besuch des Greifvogelgeheges (5 km).
Besichtigung von Skagen: Skagenmuseum.
Besuch der Bernsteinsammlung im Ravmuseum,
Fahrt zur Wanderdüne Rabjerg Mile.
Besichtigung von Frederikshavn: Weißer Pulverturm,
Fährhafen, Kunstmuseum.
Fahrt nach Bangsbo und Saeby.
Wanderungen und Radtouren in Nordjütland.
Baden im Kattegatt.
Informationen: Tel. 96 79 08 86.

9982 Albaek Bootshaven ** NJ - 13

Wohnmobilplatz am Hafen in ruhiger und schöner Lage.

Von Skagen kommend auf der 40 Richtung Frederikshavn Albaek fahren. In Albaek hinter dem Kreisel erste Straße links Richtung Havn abbiegen. Noch 800 m **(Havnevej)**.
Koordinaten: 57° 35,54' Nord, 10° 25,59' Ost.

Gebäude und Kiosk am Platz.
Sanitäranlage am Platz.
Geschotterte, ebene Stellflächen.
Stellflächen für 5 Mobile.
10 Gehminuten zur Ortsmitte.
Geschäfte und Eiscafe im Ort.
Bänke am Platz.
Parkgebühr.
Ganzjährig zugänglich.
Badestrand in der Nähe.
Angeln möglich.
Fischverkauf am Hafen.
Besichtigung von Skagen.
Besuch der Bernsteinsammlung im Ravmuseum, Skagenmuseum.
Fahrt zur Wanderdüne Rabjerg Mile.
Besichtigung von Frederikshavn: Weißer Pulverturm, Fährhafen, Kunstmuseum.
Fahrt nach Bangsbo und Saeby.
Baden im Kattegatt.
Wanderungen und Radtouren in Nordjütland.

9900 Frederikshavn Kvissel Hansen *** NJ - 14

Privater **Wohnmobil- und Caravanplatz** an einem Bauernhof in sehr ruhiger und schöner Lage.

Von Sindal kommend auf der 35 Richtung Frederikshavn fahren. Links abbiegen in den Mejlingvej nach Kvissel. Noch 1,6 km bis zum Stellplatz **(Mejlingvej 65)**.
Koordinaten: 57° 28,04' Nord, 10° 23,73' Ost.

Auch für Caravan reserviert.
Gebäude am Platz.
Touristeninformation am Stellplatz.
Ver- und Entsorgung, Strom inklusive.
Stellflächen für 10 Mobile oder Caravan auf Wiesengelände.
Kleine Sanitäranlage vorhanden. Dusche 5 DKK pro Person.
Parkgebühr: 75 DKK für 24 Stunden.
Ganzjährig zugänglich.
Aufenthaltsdauer unbegrenzt.
Aufstellen von Zelten ist gestattet.
Bauernhof mit Streichelzoo.
Besichtigung von Skagen: Skagenmuseum.
Besuch der Bernsteinsammlung im Ravmuseum,
Fahrt zur Wanderdüne Rabjerg Mile.
Besichtigung von Frederikshavn: Weißer Pulverturm, Fährhafen, Kunstmuseum.
Fahrt nach Albaek, Bangsbo und Saeby.
Besuch der Maria Kirke und des Schlosses Voergård in Saeby.
Wanderungen und Radtouren in Nordjütland.
Baden im Kattegatt.
Parkgebühr: 75 DKK für 24 Stunden.
Informationen: Tel. 98 48 45 71.

9900 Frederikshavn Bootshafen *** NJ - 15

Wohnmobil- und Caravanplatz am Hafen in ruhiger und sehr schöner Lage.

Auf der 35 nach Frederikshavn und im Kreisel rechts Richtung Bangsbo fahren. Nach 2 km links, nach 1,5 km rechts Richtung Aalborg E 45 abbiegen. Nach 4,5 km links in die Saltebakken und nach 350 m rechts in den Sosportsvej zum Hafen **(Sosportsvej 8)** fahren.
Koordinaten: 57° 25,59' Nord, 10° 31,66' Ost.

Gebäude am Platz.
Ver- und Entsorgung am Hafen.
Sanitäranlage am Platz.
Waschmaschine und Trockner vorhanden.
Kochküche ganzjährig zugänglich.
Müllentsorgung am Platz.
Restaurant und Kiosk am Hafen. Fischverkauf am Hafen.
Geschotterte, ebene Stellflächen für 20 Mobile oder Caravan.
Parkgebühr: 100 DKK oder 15 € für 24 Stunden.
Ganzjährig zugänglich.
Besichtigung von Skagen: Besuch der Bernsteinsammlung im Ravmuseum, Skagenmuseum.
Fahrt zur Wanderdüne Rabjerg Mile.
Besichtigung von Frederikshavn: Weißer Pulverturm, Fährhafen, Kunstmuseum.
Fahrt nach Albaek, Bangsbo und Saeby.
Besuch der Maria Kirke und des Schlosses Voergård in Saeby.
Wanderungen und Radtouren in Nordjütland.
Baden im Kattegatt.

9330 Dronninglund Flauenskjold Wohnmobilhafen *** NJ - 16

Privater sehr großer **Wohnmobilplatz** in sehr ruhiger und schöner Lage.

Auf der E 45 von Frederikshavn nach Aalborg fahren. An der Ausfahrt 14 abfahren und geradeaus über den Kreisel in den Ingeborg Skeels Vej fahren. Nach 2 km links in den Storskovvej einbiegen und sofort wieder rechts Richtung Hallen fahren. Nach 500 m links in die Parkalle abbiegen. Nach 100 m rechts wird der Platz erreicht **(Agertoften 4A)**.
Koordinaten: 57° 14,85' Nord, 10° 17,03' Ost.

Häuser und Lebensmittelgeschäft am Platz.
Stellflächen für 50 Mobile auf Wiesengelände.
Ver- und Entsorgung am Platz.
Stromversorgung vorhanden. Müllbehälter am Stellplatz.
Parkgebühr.
Ganzjährig zugänglich.
Golf und Angeln möglich.
Sportanlage in der Nähe.
Besichtigung: Kunstmuseum in Dronninglund, Schlösser in Vorgard und Dronninglund.
Besichtigung von Frederikshavn: Weißer Pulverturm, Fährhafen, Kunstmuseum.
Fahrt nach Bangsbo und Saeby.
Besuch der Maria Kirke und des Schlosses Voergård in Saeby.
Besichtigung von Aalborg: Aussichtsturm Tarnet, Nordjyllands Kunstmuseum, Jens Bangs Stenhus, Schloss Aalborghus.
Wanderungen und Radtouren in Nordjütland.
Fahrt zum Kattegatt.

9300 Saeby Voersa Bootshafen *** NJ - 17

Wohnmobilplatz am Bootshafen in ruhiger und sehr schöner Lage.

Auf der E 45 Ausfahrt 14 abfahren. Auf der 589 nach Voersa und in Voersa Richtung Hals fahren. Nach 300 m links Richtung Havn abbiegen. Noch 700 m.
Koordinaten: 57° 12,20' Nord, 10° 29,61' Ost.

Häuser am Hafen.
Stellflächen für 10 Mobile auf ebenem, geschotterten Gelände.
Ver- und Entsorgung am Platz.
Stromversorgung vorhanden.
Müllbehälter am Stellplatz.
Behindertengerechte Sanitäranlage mit Dusche.
Parkgebühr: 100 DKK pro Nacht inkl. Strom (Im Umschlag in den Postkasten an der Sanitäranlage).
Ganzjährig zugänglich.
10 Gehminuten zur Ortsmitte.
Restaurant im Ort.
Segeln möglich.
Fahrt nach Saeby. Besuch der Mariæ Kirke und des Schlosses Voergård in Saeby.
Wanderungen und Radtouren in Nordjütland.
Baden im Kattegatt.

9340 Asaa Bootshafen *** NJ - 18

Wohnmobilplatz am Bootshafen in ruhiger und sehr schöner Lage.

Auf der E 45 Ausfahrt 14 abfahren. Auf der 589 nach Voersa und in Voersa Richtung Hals fahren. Nach 8 km links in die Lodsgade abbiegen. Nach 300 m links in die Havngade fahren, Noch 900 m bis zum Hafen. **(Havnegade)**.
Koordinaten: 57° 08,70' Nord, 10° 25,53' Ost.

Häuser und Restaurant am Hafen.
Stellflächen für 15 Mobile auf ebenem Wiesengelände.
Wasserversorgung und Stromversorgung am Platz.
Müllbehälter am Stellplatz.
Sanitäranlage vorhanden.
Parkgebühr beim Hafenmeister entrichten.
15 Gehminuten zur Ortsmitte.
Geschäfte im Ort.
Segeln möglich.
Fahrt nach Bangsbo und Saeby.
Besuch der Maria Kirke und des Schlosses Voergård in Saeby.
Besichtigung von Aalborg: Aussichtsturm Tarnet, Nordjyllands Kunstmuseum, Jens Bangs Stenhus, Schloss Aalborghus.
Wanderungen und Radtouren in Nordjütland.
Baden im Kattegatt.
Informationen: Tel. 98 95 15 12.

9320 Hjallerup Autobahn E45 Hjallerup Enge Ost * NJ - 19

Übernachtungsplatz an der Raststätte Hjallerup Enge Ost der E45.

Von der Auffahrt 17 (Lyngdrup) in nördliche Richtung zur Raststätte Hjallerup Eng Ost fahren und an der Ausfahrt 16 (Hjallerup) wieder abfahren.
Koordinaten: 57° 9,14' Nord, 10° 9,49' Ost.

Raststätte am Platz.
Tankstelle und Verkaufsshop Statoil.
Ebene Stellflächen für 10 Mobile.
Keine Parkgebühr.
Ver- und Entsorgung am Stellplatz.
Wasserversorgung und WC am Platz.
Mülltonnen am Stellplatz.
Aufenthaltsdauer 1 Nacht.
Besuch des Schlosses Clausholm in Randers.
Besichtigung von Aalborg: Aussichtsturm Tarnet, Nordjyllands Kunstmuseum, Jens Bangs Stenhus, Schloss Aalborghus.
Fahrt nach Frederikshavn.
Ausflug nach Skagen.
Informationen: Tel. 98 28 10 33.

Die alte Hauptstadt Jütlands

In Mitteljütland

Tour 5

In Mitteljütland sind die Ost- und Nordsee etwas weiter entfernt. Nur der Limfjorden treibt seine Wellen bis zum Amt Viborg. Die hügelige Lanschaft enstand in der Eiszeit, als hier die Gletscher zum Stillstand kamen und viele Endmoränen bildeten. Die Moore wurden tockengelegt, Heideflächen umgebrochen, landwirtschaftliche Nutzflächen geschaffen.

In Mitteljütland wird der Übergang von der Laubwaldzone zu der nordischen Nadelwaldzone sichtbar. Im Himmerland, südlich von Aalborg zwischen Limfjorden und Mariager Fjord, erstreckt sich auf sanften Hügeln der Rold Skov, das größte Waldgebiet Dänemarks. Auf Schusters Rappen oder mit dem Drahtesel erkundet man den Nationalpark Rebild Bakker. Die Museen im Park informieren über dänische Siedler in Nordamerika, stellen Exponate dänischer Spielmannstradition aus und zeigen Denkmäler der Kimbern, die 120 Jahre vor Christi Geburt vom Himmerland auszogen, um Land in Italien im Römischen Reich zu erobern.

Zwei Stellplätze findet man auf ehemaligen Bauernhöfen in Baelum (**MJ-1**) und Hadsund (**MJ-2**). Auf dem sehr ruhig gelegenen und schönen Platz in Hadsund darf man sich unbegrenzt aufhalten und hat alle notwendigen Ver- und Entsorgungseinrichtungen, einschließlich sanitärer Anlagen und einer Küche.

Am Westende des Mariagerfjord liegt Hobro, eine kleine Stadt mit sehenswerten Baudenkmälern und Museen, der neugotischen Stadtkirche von 1852, den frühgeschichtlichen Funden aus dem Wikingerlager Fyrkat und der Ibsenkunstsammlung. Die kreisförmige Wikingerstätte Fyrkat, gesichert mit einem hohen Erdwall, Palisaden und Brustwehr, wurde 980 von König Harald Blauzahn errichtet. Die Ringburg und ein Wikingerhof wurden rekonstruiert.

Um ein Kloster entstand im Mittelalter Mariager am Südufer des Mariager Fjords, heute noch eine Kleinstadtidylle mit alten Fachwerkhäusern, rauhem Kopfsteinpflaster und bunten Rosen. Eine Oldtimerbahn fährt am Sonntag nach Handest. Übernachtungsplätze sind an Bauernhöfen in Hobro Hvorum Hoje (**MJ-3**) und Tjele (**NJ-4**) vorhanden.

Hochlandrinder in Hadsund

Die Landschaft um die alte Hauptstadt Jütlands, Viborg, Flusstäler, Seen, Hügel und Heide wurde von den Eiszeiten geschaffen. Hier wurde der Thing der Wikinger abgehalten, die Stände versammelten sich, um einen neuen König zu wählen und der Bischof bestimmte das Kirchengeschehen im Lande.

Viborg sollte man unbedingt besuchen. Es sind noch viele Baudenkmäler aus vergangenen Zeiten erhalten, z. B. die neoromanische Domkirche mit Malereien in den Seitenschiffen, im Querschiff und an den Deckengewölben, die Mogens Gade mit mittelalterlichen Gebäuden, die Sondre Sogns Kirke von 1277 mit einem gotischen Altar. Viele Grünanlagen bestimmen das Stadtbild, eine Besonderheit ist der biblische Garten am Ufer eines Flusses. Das Skovgaard Museum stellt Gemälde und Skulpturen aus, das Stiftsmuseum zeigt Ausstellungsstücke zur Geschichte der mitteljütländischen Region.

Westlich von Viborg können Teile der Kalkminen Monsted und Daugbjerg besichtigt werden, ein langes Labyrinth mit hohen Hallen und schmalen Pfaden. Archäologische Funde haben nördlich von Viburg Dorfanlagen und Grabstätten, Grubenhäuser und Grabhügel aus der Stein-, Bronze- und Eisenzeit zu Tage gefördert, eine prähistorische Erlebniswelt für alle interessierten Touristen. Nördlich von Viburg erreicht man den Hjarbaek Sund, einen Ausläufer des Limfjorden.

Wohnmobilplätze sind in Viburg (**MJ-5**), Keldbjerg (**MJ-6**) und in Karup (**MJ-7** und **MJ-8**) zu finden. Besonders schön und ruhig liegt der Platz in Karup Hagebro. Im südlichen Teil des Amtes Viborg haben Bauernhöfe in Kjellerup (**MJ-10**) und in Bjerringbro (**MJ-11**) Wohnmobilstellplätze eingerichtet.

Tour 5

Mitteljütland

Tour 5: **In Mitteljütland**

Nr.	Ort, Bezeichnung	Stell-plätze	Gast-haus	Häu-ser	WC	Bad See	Orts-nähe	Ent-sorg.	Park-dauer	Park-gebühr
		A					B		C	D
MJ-1	Baelum, Hendriksen **	3	-	+	-	-	x	-	1	P
MJ-2	Hadsund, Sorensen ****	10	-	+	-	+	x	+	U	90
MJ-3	Hobro Hvorum Hoje, Hojen **	3	-	+	-	-	x	-	1	P
MJ-4	Tjele, Ramsdal **	3		+	-	-	x	-	1	P
MJ-5	Viborg, Molgard **	3	-	+	-	-	x	-	1	P
MJ-6	Skive Keldbjerg, Davidsen *	3	-	+	-	-	x	-	1	P
MJ-7	Karup Hagebro, Slaegtsgarden ***	5	-	+	-	-	x	-	1	P
MJ-8	Karup, Jensen **	5	-	+	-	-	x	-	1	P
MJ-9	Bjerringbro, Hvass **	3	-	+	-	-	x	-	1	50
MJ-10	Kjellerup, Lyngso **	3	-	+	-	-	x	-	1	P

Legende

**** sehr ruhige und sehr schöne Lage.
*** sehr ruhige und schöne Lage.
** ruhige und gute Lage.
* keine ruhige Lage.
A Stellplätze gestaffelt nach 3, 5, 10, 20, 30, 50 Wohnmobilen. Dabei wird angenommen, dass nur die Hälfte des Platzes zur Verfügung steht und die andere Hälfte durch PKW belegt ist.
B Fußweg in Minuten, x über 15 min Fußweg.
C Aufenthaltsdauer in Tagen.
D Stellplatzgebühr in Dänischen Kronen pro Wohnmobil und 24 Stunden oder Parkgebühr.
P Parkgebühr in der Saison.
T Aufenthaltsdauer einige Tage.
U Aufenthaltsdauer unbegrenzt.

Straßenverkaufsstand

9574 Baelum Henriksen ** MJ - 1

Privater **Wohnmobilplatz** an einem Bauernhof in ruhiger und schöner Lage.

Auf dem Smidievej von Aalborg nach Baelum fahren. 500 m vor Baelum rechts abbiegen und dem Wohnmobilschild folgen. Noch 800 m **(Haelskovvej 2)**.
Koordinaten: 56° 50,28' Nord, 10° 07,20' Ost.

Häuser am Platz.
Stellflächen für 3 Mobile auf Wiesengelände.
Wasserversorgung möglich.
Parkgebühr.
Fahrt zur Aalborger Bucht.
Besichtigung von Aalborg: Aussichtsturm Tarnet, Nordjyllands Kunstmuseum, Jens Bangs Stenhus, Schloss Aalborghus.
Besichtigung von Randers: Marktplatz, Hulturhaus, Altstadthäuser, Helligandshus, Rathaus, Handwerksmuseum.
Wanderungen und Radtouren im Himmerland.
Informationen: Tel. 98 33 70 67.

9560 Hadsund Sorensen **** MJ - 2

Wohnmobilplatz an einem ehemaligen Bauernhof in sehr ruhiger und sehr schöner Lage.

Auf der 541 Kystvejen von Oster Hurup Richtung Hadsund nach Als fahren. Am Ortsausgangsschild von Oster Harup noch 3,7 km bis zum Stellplatz. **(Kystvejen 202)**.
Koordinaten: 56° 45,85' Nord, 10° 17,13' Ost.

Häuser und Kiosk am Platz.
200 m bis zum Meer.
Stellflächen für 10 Mobile auf Wiese.
Parkgebühr: 90 DKK für 24 Stunden incl. Sanitäranlage, Küche, Ent- und Versorgung, Strom.
Aufenthaltsdauer unbegrenzt.
Ver- und Entsorgung am Platz.
Stromversorgung vorhanden.
Müllbehälter am Stellplatz.
Picknickbänke und Tische am Platz.
Behindertengerechte Sanitäranlage vorhanden.
Kleine Kochküche am Platz.
Boutique und Bar im ehemaligen Bauernhof. Einkaufen landestypischer Waren.
Baden und angeln im Kattegat.
Wanderungen und Radtouren in Nordjütland.
Informationen: Tel. 98 58 19 48, 40 97 85 89.

9500 Hobro Hvorum Hoje Hojen ** MJ - 3

Privater **Wohnmobilplatz** an einem Bauernhof in ruhiger und schöner Lage.

Auf der 180 von Hobro Richtung Randers rechts abbiegen Richtung Klejtrup. Noch 7,5 km bis zum Stellplatz **(Klejtrupvej 12)**.
Koordinaten: 56° 36,18' Nord, 9° 41,73' Ost.

Häuser am Stellplatz.
Stellflächen für 3 Mobile auf Wiesengelände.
Parkgebühr.
Wasserversorgung am Platz.
Besuch des Hobro-Museum.
Besichtigung des Hafenorts Mariager.
Besuch des Zoos Randers Regnskov.
Wanderungen und Radtouren in Jütland.
Besichtigung von Randers: Marktplatz, Kulturhaus, Altstadthäuser, Helligandshus, Rathaus, Handwerksmuseum.
Besichtigung von Viborg: Dom, Altstadt, Kunst- und Kulturhaus Braenderigarden, Kalkminen Monsted und Daugbjerg.
Informationen: Tel. 98 54 61 72.

8830 Tjele Ramsdal ** MJ - 4

Privater **Wohnmobilplatz** an einem Bauernhof in ruhiger und schöner Lage.

Auf der 16 von Viborg nach Randers fahren. In Kvorning rechts abbiegen Richtung Kvorning Molle. Nach 1,7 km rechts, nach 800 m wieder rechts fahren. Noch 350 m bis zum Platz **(Kvorning Mollevej 20)**.
Koordinaten: 56° 28,86' Nord, 9° 41,42' Ost.

Häuser am Platz.
Geschotterte, ebene Stellflächen für 3 Mobile.
Parkgebühr.
Wasserversorgung und Stromversorgung am Platz.
Müllbehälter am Stellplatz.
Reiten am Bauernhof.
Besichtigung von Viborg: Dom, Altstadt, Kunst- und Kulturhaus Braenderigarden, Kalkminen Monsted und Daugbjerg.
Besichtigung von Randers: Marktplatz, Kulturhaus, Altstadthäuser, Helligandshus, Rathaus, Handwerksmuseum.
Besuch des Zoos Randers Regnskov.
Wanderungen und Radtouren in Jütland.
Informationen: Tel. 98 54 44 77 17, 40 78 56 54.

8800 Viborg Molgard ** MJ - 5

Privater **Wohnmobilplatz** an einem Bauernhof in ruhiger und schöner Lage.

Auf der 533 von Logstor nach Viborg fahren. Im Kreisel auf die 26 Richtung Arhus fahren. Nach 2,5 km im Kreisel rechts Richtung Jegstrup und nach 300 m geradeaus die Vorfahrtsstraße verlassen. Am Ortseingangsschild von Viborg nach 1,1 km (am Hausnummernschild 114) rechts abbiegen. Noch 600 m bis zum Bauernhof links. **(Jegstrupvej Vest 114)**.
Koordinaten: 56° 28,13' Nord, 9° 20,50' Ost.

Häuser am Platz.
Stellflächen für 3 Mobile auf Wiesengelände.
Parkgebühr.
Wasserversorgung am Platz.
Stromversorgung: Gebühr 15 DKK.
Müllbehälter am Stellplatz.
Besichtigung von Viborg: Dom, Altstadt, Kunst- und Kulturhaus Braenderigarden, Kalkminen Monsted und Daugbjerg.
Besichtigung von Randers: Marktplatz, Kulturhaus, Altstadthäuser, Helligandshus, Rathaus, Handwerksmuseum.
Wanderungen und Radtouren in Jütland.
Informationen: Tel. 86 64 74 01, 86 37 35 50.

7800 Skive Kjeldbjerg Davidsen * MJ - 6

Übernachtungsplatz auf dem kleinen Innenhof eines Bauernhofs mit Schweinezucht.

Auf der 186 Richtung Skive fahren. 600 m nach dem Ortsende von Sjörup links abbiegen Richtung Vridsted. Nach 2,2 km rechts Richtung Kjeldbjerg fahren. Noch 1,4 km bis zum Hof links **(Borstingvej 14).**
Koordinaten: 56° 27,13' Nord, 9° 02,91' Ost.

Häuser am Platz.
Geschottertes, ebenes Wiesengelände im Innenhof für 3 Wohnmobile.
Parkgebühr.
Wasserversorgung möglich.
Stromversorgung 15 DKK.
Tor vor der Einfahrt.
Wandern im Moorgebiet und auf dem historischen Ochsenweg.
Freilichtmuseum im Naturschutzgebiet Hjerl Hede.
Kulturhistorisches Museum in Skive.
Besichtigung von Viborg: Dom, Altstadt, Kunst- und Kulturhaus Braenderigarden, Kalkminen Monsted und Daugbjerg.
Wanderungen und Radtouren in Jütland.
Ausflug zum Limfjorden.
Informationen: Tel. 97 54 50 36.

7470 Karup Hagebro Slaegtsgarden *** MJ - 7

Übernachtungsplatz an einem Bauernhof in sehr ruhiger und schöner Lage.

Aus Richtung Karup kommend in Resen rechts abbiegen. Nach 1,3 km links fahren. Noch 2,6 km bis zum Stellplatz rechts **(Koldkurvej 13).**
Koordinaten: 56° 24,25' Nord, 9° 02,74' Ost.

Ebene und leicht schräge Stellflächen für 5 Mobile auf Wiese.
Blick über Felder.
Bauernhof am Stellplatz.
Stromversorgung möglich: Gebühr 15 DKK.
Parkgebühr.
Naturlehrpfad und Fahrradwege am Platz.
Spielplatz und Indianerzelte.
Angelmöglichkeit.
Besichtigung von Holstebro: Kunstmuseum, Bornhuset, Nielsen und Holm-Moller Museum.
Besichtigung von Viborg: Dom, Altstadt, Kunst- und Kulturhaus Braenderigarden, Kalkminen Monsted und Daugbjerg.
Wanderungen und Radtouren in Jütland.
Fahrt nach Silkeborg.
Ausflug zum Limfjorden.
Informationen: Tel. 97 45 21 07.
Internet: www.karup-aa.dk.

7470 Karup Jensen ** MJ - 8

Übernachtungsplatz an einem ehemaligen Bauernhof in ruhiger und schöner Lage.

Von Viborg nach Karup fahren und in Karup im Kreisel auf den Ahusevej rechts abbiegen. Noch 1,1 km bis zum Stellplatz rechts **(Ahusevej 10).**
Koordinaten: 56° 18,83' Nord, 9° 08,80' Ost.

Ebene und leicht schräge Stellflächen für 5 Mobile auf Wiese.
Parkgebühr.
Wasserversorgung möglich.
Stromversorgung 15 DKK.
Fahrradwege am Platz.
Angelteiche in der Nähe.
Besichtigung von Viborg: Dom, Altstadt, Kunst- und Kulturhaus Braenderigarden, Kalkminen Monsted und Daugbjerg.
Besichtigung von Herning: Pedersen & Alfelts Museum, Elia, Blichermuseet, Danmarks Fotomuseum, Kunstmuseum.
Wanderungen und Radtouren in Jütland.
Fahrt nach Silkeborg.
Ausflug zum Limfjorden.
Informationen: Tel. 97 10 08 33.

8850 Bjerringbro Hvass ** MJ - 9

Privater **Wohnmobilplatz** an einem Bauernhof in ruhiger und schöner Lage.

Auf der 575 Richtung Bjerringbro fahren. Ab dem Ortsausgangsschild Lovskal noch 1,5 km bis zum Platz links **(Lovskal Landevej 69)**.
Koordinaten: 56° 26,37' Nord, 9° 41,96' Ost.

Häuser am Platz.
Stellflächen für 3 Mobile auf Wiesengelände.
Parkgebühr: 50 DKK für 24 Stunden.
Wasserversorgung und Müllbehälter am Platz.
Stromversorgung: 15 DKK.
Familienfreundlich.
Streichelzoo am Platz.
Geräusche von naher Straße.
Wandern im Naturschutzgebiet.
Besichtigung von Viborg: Dom, Altstadt, Kunst- und Kulturhaus Braenderigarden, Kalkminen Monsted und Daugbjerg.
Besichtigung von Randers: Marktplatz, Kulturhaus, Altstadthäuser, Helligandshus, Rathaus, Handwerksmuseum.
Besuch des Zoos Randers Regnskov.
Radtouren in Jütland.
Informationen: Tel. 86 68 62 00.

8620 Kjellerup Lyngso ** MJ - 10

Privater **Wohnmobilplatz** an einem Bauernhof in ruhiger und schöner Lage.

Auf der 26 Richtung Viborg fahren. Ausfahrt Kjellerup, links Richtung Kjellerup (186) fahren. Nach 2,1 km rechts abbiegen Richtung Vandet und nach 2,4 km links Richtung Sjorlev. Noch 600 m bis zum Stellplatz **(Aeghojvej 4)**.
Koordinaten: 56° 21,02' Nord, 9° 26,42' Ost.

Häuser am Platz.
Wasserversorgung am Platz.
Stromversorgung: 15 DKK
Stellflächen für 3 Mobile auf Wiese.
Parkgebühr.
Angeln möglich.
Wandern auf dem alten Heerweg.
Besichtigung von Silkeborg: Hovedgarden, Kunstmuseum, Aqua (Nordeuropas größtes Süsswasseraquarium).
Besichtigung von Viborg: Dom, Altstadt, Kunst- und Kulturhaus Braenderigarden, Kalkminen Monsted und Daugbjerg.
Besichtigung von Randers: Marktplatz, Kulturhaus, Altstadthäuser, Helligandshus, Rathaus, Handwerksmuseum.
Informationen: Tel. 86 66 79 08.

Kirche in Baelum

Wassermühle in Humlum

In Ebeltoft

Gutshof in Bonnerup

An der Nordsee

Paddelball auf der Ostsee

Der Konkurrent von Kopenhagen

Das Amt Arhus in Ostjütland

Tour 6

Arhus hat 270.000 Einwohner und ist damit die zweitgrößte Stadt in Dänemark. Das Amt Arhus umfasst weite Teile von Ostjütland. Im Nordosten liegt die ständig vom Wind durchgeschüttelte Halbinsel Djursland. Die Reise in diese reizvolle Landschaft und in die Stadt Randers kann man mit einem Aufenthalt in Havnedal Klattrup (**OA-1**) oder am Fischereihafen von Havnedal (**OA-2**) beginnen. Das fahrbare Haus wird am besten an den Autobahn-Raststätten Gudena Ost oder Gudena Vest (**OA-3** und **OA-4**) ver- und entsorgt.

In Randers sollte man die vollständig eingerichteten Werkstätten mit Vorführungen im Handwerksmuseum und den kleinen Regenwald in einem feucht-tropischen Klima mit einem Schlangenhaus, Krokodilen und Meerestieren der Karibik besuchen und eine Schiffsfahrt auf dem längsten Fluss Dänemarks, der Gudena unternehmen. Weitere Sehenswürdigkeiten sind das Helligandshus (Heiliggeisthaus), das barocke Rathaus, das Kulturhaus mit Museen und Ausstellungen und das älteste Steinhaus, der Paskesonnernes Gard.

Umgeben von Wald und Wiesen entdeckt man bei Auning ein Märchenschloss, Gammel Estrup, eine dreiflügelige Anlage aus den 15. und 16. Jahrhunderten. Heute gewähren die Ausstellungen in den Gebäuden Eindrücke von dem Leben auf den Gütern und von der harten Arbeit der Landbevölkerung in den vergangenen Jahrhunderten.

Auf einer großen Wiese an einem Bauernhof in Auning Kvist übernachtet man im Schlafmobil gut und ruhig (**OA-5**). Im Süden der Aalborgbucht besteht am Lystbadehavn von Glesborg die Möglichkeit, mit Blick auf den Hafen, das rollende Ferienhaus abzustellen, zu baden und im Ort einzukaufen (**OA-6**).

Sehenswert ist das gut erhaltene Renaissanceschloss Rosenholm von 1560, später im Barockstil verändert und durch einen großen Park erweitert. Die einzige Rundkirche Jütlands steht seit 1200 in Thorsager. Sie diente nicht nur als Gottesburg, sondern auch als Schutzburg bei feindlichen Angriffen.

Eine schöne hügelige Endmoränenlandschaft erschließt sich dem Wanderer und dem Radfahrer im Naturschutzgebiet Mols Bjerge und auf der Halbinsel Helgenaes.

Ein kulturelles Highlight ist das idyllische Fachwerk-Städtchen Ebeltoft mit grobem Kopfsteinpflaster und engen Gassen. Besondes eindrucksvoll ist das kleine, geduckte Rathaus, die alte Färberwerkstatt, Tante Andantes Haus, ein Paradies für Kinder, die Dreimaster Fregatte Jylland von 1860 und der Familienpark.

In Ebeltoft

Ostjütland Arhus

Viel Spaß für Groß und Klein verspricht der Vergnügungspark Djurs Sommerland bei Nimtofte. Ein Liliput-Express fährt durch die Höhle der Trolle, mit dem Floß wird der Rio Grande bezwungen und auf langen Wasserrutschen erreicht man Flüsse und Seen.

Auf dem Weg nach Arhus bietet sich für einen Aufenthalt der schöne Stellplatz am Hafen in Skodstrup an (**OA-7**). Arhus konkurriert mit Kopenhagen um den größten Containerhafen, um die kulturelle Vielfalt und um die stärkste wirtschaftliche Kraft. Im Mittelalter blühte der Handel bis nach Schweden, Norwegen, Holland und Deutschland.

Ein vollständiges Freilichtmuseum der Stadtkultur in alten Zeiten entstand als “Den Gamle By”. Historische Häuser, alte Werkstätten, stimmungsvolle Hofanlagen, romantische Gärten und eine Vielzahl von Geschäften und Gaststätten beeindrucken die Besucher. Kinder, Jugendliche und Junggebliebene erwartet der Vergnügungspark “Tivoli Friheden”, eine Nachbildung des Kopenhagener Tivoli.

Ein Rundgang durch die Stadt sollte am Stadttheater mit Fresken und einer bunten Fassade beginnen und dann zum gewaltigen, gotischen Dom führen. Besondere Beachtung verdienen im Inneren der Flügelaltar eines Lübecker Meisters von 1479, die geschnitzte Kanzel und die Kalkmalereien an den Gewölben. Am Rathausplatz erhebt sich stolz das 1938 erbaute Radhus. Vom 60 Meter hohen Turm erlebt man einen weiten Rundblick über die Stadt und die Ostsee.

Die gotische Liebfrauenkirche prunkt mit lebhaften Fresken und einer bunten Altartafel. In der Nähe der Liebfrauenkirche erreicht man den Mollestien, eine malerische Gasse mit Läden des Kunsthandwerks. In den kleinen Häusern des Stadtviertels Latinerkvater haben sich gemütliche Kneipen, gute Gaststätten, laute Diskos, alle Arten von Boutiquen und kulturelle Stätten wie Ausstellungen, Konzerte, Musiktheater, angesiedelt.

Südlich von Arhus kann man im Moesgard Museum seine Kenntnisse über die Steinzeit und über die Zeit der Wikinger verbessern. Der Mann von Grauballe, eine 2000 Jahre alte, vollständig erhaltene Moorleiche, ist weltberühmt und übt auf die Besucher eine unwiderstehliche Anziehungskraft aus. Vom Museum zum Strand führt der “Weg der Vorzeit”, gesäumt von rekonstruierten Grabhügeln und Anwesen der frühen Menschen.

Die Raststätten Petersminde und Blankhoj bei Arhus (**OA-8** und **OA-9**) und die Raststätten Ejer Bavnehoj Ost und Vest (**OA-10** und **OA-11**) bei Skanderborg bieten die Möglichkeit, das Haus auf Rädern von allem Ballast zu befreien und mit allem Notwendigen zu versorgen. Zum Abschluss der Route empfiehlt sich ein Besuch der Stadt Skanderborg und der beiden mit 171 Metern höchsten “Berge” Dänemarks, der Yding Skovhoj und der Ejer Bavnehoj. Von beiden Erhebungen hat man einen weiten Blick über Land und Meer.

Tour 6

Ostjütland - Arhus

Tour 6: **Ostjütland Amt Arhus**

Nr.	Ort, Bezeichnung	Stell-plätze A	Gast-haus	Häu-ser	WC	Bad See	Orts-nähe B	Ent-sorg.	Park-dauer C	Park-gebühr D
OA-1	Havndal Klattrup, Mogensen **	10	-	+	-	-	x	-	1	P
OA-2	Havndal, Fischereihafen ***	20	-	+	-	-	x	-	1	95
OA-3	Randers, Raststätte Gudena Ost *	10	+	-	+	-	x	+	1	0
OA-4	Randers, Raststätte Gudena Vest *	10	+	-	+	-	x	+	1	0
OA-5	Auning, Kvist ***	30	-	+	-	-	x	-	1	50
OA-6	Glesborg, Lystbadehavn **	20	-	+	-	+	5	-	1	120
OA-7	Skodstrup, Kalovig Badehavn ***	10	+	+	+	+	x	-	1	100
OA-8	Mundelstrup, Rastst. Petersminde*	10	+	-	+	-	x	+	1	0
OA-9	Mundelstrup, Raststätte Blankhoj *	10	+	-	+	-	x	+	1	0
OA-10	Skanderborg, Rast. Bavnehoj Ost *	10	+	-	+	-	x	+	1	0
OA-11	Skanderborg, Rast. Bavnehoj Vest *	10	+	-	+	-	x	+	1	0

Legende

****	sehr ruhige und sehr schöne Lage.
***	sehr ruhige und schöne Lage.
**	ruhige und gute Lage.
*	keine ruhige Lage.
A	Stellplätze gestaffelt nach 3, 5, 10, 20, 30, 50 Wohnmobilen. Dabei wird angenommen, dass nur die Hälfte des Platzes zur Verfügung steht und die andere Hälfte durch PKW belegt ist.
B	Fußweg in Minuten, x über 15 min Fußweg.
C	Aufenthaltsdaucr in Tagcn.
D	Stellplatzgebühr in Dänischen Kronen pro Wohnmobil und 24 Stunden oder Parkgebühr.
P	Parkgebühr in der Saison.
T	Aufenthaltsdauer einige Tage.
U	Aufenthaltsdauer unbegrenzt.

8970 Havndal Klattrup Mogensen ** OA - 1

Privater **Wohnmobilplatz** an einem Bauernhof in schöner Lage.

Auf der 531 Richtung Hadsund fahren. Rechts Richtung Dalbyneder abbiegen. Durch Dalbyneder fahren und dem Straßenverlauf folgend auf den Udbyhojvej fahren. Nach 1,3 km links in den Stenkildevej und nach weiteren 1,3 km links in die Zielstraße fahren **(Klattrupgade 36)**.
Koordinaten: 56° 39,83' Nord, 10° 12,71' Ost.

Häuser am Platz.
Stellflächen für 10 Mobile auf ebenem Wiesengelände.
Parkgebühr.
Geräusche von der Straße.
Wasserversorgung und Stromversorgung am Platz.
Müllbehälter am Stellplatz.
Besuch des Hafenorts Mariager.
Besuch des Zoos Randers Regnskov.
Baden im Kattegatt.
Wanderungen und Radtouren in Jütland.
Besichtigung in Arhus: Dom, Freilichtmuseum Den Gamle By, Moesgard Museum, Rathaus, Musikhus.
Fahrt zur Ostseeküste.
Informationen: Tel. 21 84 56 36, 86 47 00 56.

8970 Havndal Fischereihafen *** OA - 2

Wohnmobilplatz am Bootshafen in ruhiger und sehr schöner Lage.

Von Hadsund Richtung Randers auf der 507 links Richtung Udbyhoj abbiegen. Nach 800 m rechts weiter Richtung Udbyhoj. Nach 3,8 km in Dolbyover links auf die 531 Kronborgvej nach Udbyhoj. Dort links Richtung **Fiskerihavn**.
Koordinaten: 56° 36,69' Nord, 10° 18,35' Ost.

Häuser, Kiosk und Lebensmittelgeschäft am Hafen.
Stellflächen für 20 Mobile auf ebenem Wiesengelände.
Parkgebühr: 95 DKK pro Nacht.
Wasserversorgung am Platz.
Stromversorgung am Platz.
Müllbehälter am Stellplatz.
Sanitäranlage vorhanden.
Informationstafel im Hafen.
Segeln möglich.
Spielplatz vorhanden.
Besuch des Hafenorts Mariager.
Baden im Kattegatt.
Wanderungen und Radtouren in Jütland.
Besichtigung in Arhus: Dom, Freilichtmuseum Den Gamle By, Moesgard Museum, Rathaus, Musikhus.

8900 Randers Autobahn E45 Gudena Ost * OA - 3

Übernachtungsplatz an der Raststätte Gudena Ost.

Von der Auffahrt 42 (Randers Süd) in nördliche Richtung zur Raststätte Gudena Ost fahren.
Koordinaten: 56° 26,94' Nord, 10° 0,09' Ost.

Raststätte am Platz.
Tankstelle und Verkaufsshop Info-Teria.
Ebene Stellflächen für 10 Mobile.
Keine Parkgebühr.
Ver- und Entsorgung am Stellplatz.
Wasserversorgung und WC am Platz.
Mülltonnen am Stellplatz.
Aufenthaltsdauer 1 Nacht.
Besuch des Schlosses Clausholm in Randers.
Besichtigung in Arhus: Dom, Freilichtmuseum Den Gamle By,
Moesgard Museum, Rathaus, Musikhus.
Ausflug zur Halbinsel Djursland.
Informationen: Tel. 86 41 11 04.

8900 Randers Autobahn E45 Gudena Vest * OA - 3

Übernachtungsplatz an der Raststätte der Gudena Vest.

Von der Auffahrt 40 (Randers Centrum) in südliche Richtung zur Raststätte Gudena Vest fahren.
Koordinaten: 56° 27,00' Nord, 9° 59,95' Ost.

Raststätte am Platz.
Tankstelle und Verkaufsshop Info-Teria.
Ebene Stellflächen für 10 Mobile.
Keine Parkgebühr.
Ver- und Entsorgung am Stellplatz.
Wasserversorgung und WC am Platz.
Mülltonnen am Stellplatz.
Aufenthaltsdauer 1 Nacht.
Besuch des Schlosses Clausholm in Randers.
Besichtigung in Arhus: Dom, Freilichtmuseum Den Gamle By,
Moesgard Museum, Rathaus, Musikhus.
Ausflug zur Halbinsel Djursland.
Informationen: Tel. 86 41 20 91.

8963 Auning Kvist *** OA - 5

Großer privater **Wohnmobilplatz** an einem Bauernhof in ruhiger und sehr schöner Lage.

Auf der 16 von Randers Richtung Grena fahren. In Auning rechts in den Mollesmindevej abbiegen. Noch 200 m bis zum Stellplatz **(Mollesmindevej 12)**.
Koordinaten: 56° 25,57' Nord, 10° 23,44' Ost.

Häuser am Platz und in der nahen Umgebung.
Stellflächen für 30 Mobilc auf Wiesengelände.
Parkgebühr: 50 DKK für 24 Stunden.
Wasserversorgung am Platz. 10 DKK
Stromversorgung. Gebühr 15 DKK.
Müllbehälter am Stellplatz.
Picknickbänke und Grillmöglichkeit am Platz.
Familienfreundlich.
Ganzjährig zugänglich.
Wandern im Naturschutzgebiet.
Besuch des Zoos Randers Regnskov.
Besuch des Schlosses Clausholm in Randers.
Besichtigung des Herrensitzmuseums Gammel Estrup.
Besuch des skandinavischen Tierparks.
Wanderungen und Radtouren in Jütland.
Besichtigung in Arhus: Dom, Freilichtmuseum Den Gamle By, Moesgard Museum, Rathaus, Musikhus.
Informationen: Tel. 86 48 34 17.

8585 Glesborg Lystbadehavn ** OA - 6

Wohnmobilplatz am Bonnerup Lystbadehavn in ruhiger und schöner Lage.

Auf der 547 Richtung Grena fahren. Links abbiegen Richtung Bonnerup Strand. Am Ende der Straße links in den Bonnerupvej fahren. Nach 500 m wieder links dem Wohnmobilschild folgend zum Hafen. Noch 150 m zum Platz **(Ny Havnevej 14)**.
Koordinaten: 56° 31,88' Nord, 10° 42,53' Ost.

Häuser am Platz.
Blick auf den Hafen.
Ebene und gerade, geschotterte Stellflächen für 20 Mobile.
Parkgebühr: 120 DKK für 24 Stunden.
Zahlbar beim Hafenmeister (7-9 Uhr und 17-21 Uhr).
Müllbehälter am Stellplatz.
Picknickbänke am Platz.
Informationstafel am Hafen.
5 Gehminuten zur Ortsmitte.
Bäckerei, Pizzeria und Grill in Hafennähe.
Badestrand am Hafen.
Besuch des skandinavischen Tierparks.
Besichtigung des Wasserschloss bei Bonnerup.
Besuch des Kattegatcenter in Grenaa.
Wanderungen und Radtouren in Jütland.
Baden im Kattegatt.
Besichtigung in Arhus: Dom, Freilichtmuseum Den Gamle By, Moesgard Museum, Rathaus, Musikhus.
Informationen: Tel. 86 38 65 22.

8541 Skodstrup Kalovig Badehavn *** OA - 7

Wohnmobilplatz in Parkbuchten im Bootshafen in ruhiger und sehr schöner Lage.

Auf der 15 Richtung Arhus fahren. Links abbiegen nach Studrup. In Astrup rechts dem Schild Kalovig Badehavn folgen. Noch 1,7 km bis zum Hafen **(Astrup Strandvej 68 A)**.
Koordinaten: 56° 14,58' Nord, 10° 20,40' Ost.

Häuser und Restaurant am Platz.
Wasserversorgung und Müllbehälter am Stellplatz.
Stromversorgung: Gebühr 20 DKK.
Sanitäranlage mit Dusche am Platz.
(Duschmünzen im Restaurant erhältlich).
Informationstafel vorhanden.
Familienfreundlich. Spielplatz vorhanden.
Haustiere willkommen.
Gepflasterte, ebene und gerade Stellflächen für 10 Mobile.
Parkgebühr: 100 DKK pro Übernachtung.
(zahlbar bei der Hafenmeisterei/Kontor).
Badestrand und Picknickbänke am Platz.
Aufenthaltsdauer: max. 12 Stunden.
Ganzjährig zugänglich.
Segeln auf dem Kalo Vig.
Besichtigung in Arhus: Dom, Freilichtmuseum Den Gamle By, Moesgard Museum, Rathaus, Musikhus.
Wandern im Naturschutzpark Mols Bjerge.
Besuch des Schlosses Clausholm in Randers.
Radtouren in Jütland.
Informationen: Tel. 22 19 54 21.

8381 Mundelstrup Autobahn E45 Petersminde * OA - 8

Übernachtungsplatz an der Raststätte Petersminde.

Von der Auffahrt 47 (Tilsit) in südliche Richtung zur Raststätte Petersminde fahren und an der Ausfahrt 48 abfahren. Koordinaten: 56° 10,88' Nord, 10° 4,12' Ost.

Raststätte am Platz.
Tankstelle und Verkaufsshop Info-Teria.
Ebene Stellflächen für 10 Mobile.
Ver- und Entsorgung am Stellplatz.
Wasserversorgung und WC am Platz.
Mülltonnen am Stellplatz.
Aufenthaltsdauer 1 Nacht.
Keine Parkgebühr.
Besichtigung in Arhus: Dom, Freilichtmuseum Den Gamle By, Moesgard Museum, Rathaus, Musikhus.
Ausflug zur Halbinsel Djursland.
Fahrt nach Skanderborg.
Ausflug nach Ebeltoft.
Informationen: Tel. 86 24 75 44.

8381 Mundelstrup Raststätte E45 Blankhoj * OA - 9

Übernachtungsplatz an der Raststätte Blankhoj.

Von der Auffahrt 48 (Arhus West) in nördlicher Richtung zur Raststätte Blankhoj fahren und an der Ausfahrt 47 (Tilsit) abfahren.
Koordinaten: 56° 10,50' Nord, 10° 3,89' Ost.

Raststätte am Platz.
Tankstelle und Verkaufsshop Info-Teria.
Ebene Stellflächen für 10 Mobile.
Ver- und Entsorgung am Stellplatz.
Wasserversorgung und WC am Platz.
Mülltonnen am Stellplatz.
Aufenthaltsdauer 1 Nacht.
Keine Parkgebühr.
Besichtigung in Arhus: Dom, Freilichtmuseum Den Gamle By, Moesgard Museum, Rathaus, Musikhus.
Ausflug zur Halbinsel Djursland.
Fahrt nach Skanderborg.
Ausflug nach Ebeltoft.
Informationen: Tel. 86 24 01 66.

8660 Skanderborg Raststätte E45 Ejer Bavnehoj Ost * OA - 10

Übernachtungsplatz an der Raststätte der Ejer Bavnehoj Ost.

Von der Auffahrt 55 (Horsens Nord) in nördlicher Richtung zur Raststätte Bavnehoj Ost fahren und an der Ausfahrt 54 (Ejer Bavnehoj) abfahren.
Koordinaten: 56° 58,53' Nord, 9° 52,03' Ost.

Raststätte am Platz.
Tankstelle und Verkaufsshop Statoil.
Ebene Stellflächen für 10 Mobile.
Ver- und Entsorgung am Stellplatz.
Wasserversorgung und WC am Platz.
Mülltonnen am Stellplatz.
Aufenthaltsdauer 1 Nacht.
Keine Parkgebühr.
Besichtigung in Arhus: Dom, Freilichtmuseum Den Gamle By, Moesgard Museum, Rathaus, Musikhus.
Besichtigung von Skanderborg: Schloss, Schlosspark, Borgergade, Skolegade, Museum.
Schiffsfahrt auf dem Skanderborg See.
Ausflug nach Ebeltoft.
Informationen: Tel. 86 53 81 11.

8660 Skanderborg E45 Ejer Bavnehoj Vest * OA - 11

Übernachtungsplatz an der Raststätte Ejer Bavnehoj Vest.

Von der Auffahrt 54 (Ejer Bavnehoj) in nördlicher Richtung zur Raststätte Bavnehoj Vest fahren und an der Ausfahrt 55 (Horsens Nord) abfahren.
Koordinaten: 55° 58,95' Nord, 9° 52,05' Ost.

Raststätte am Platz.
Tankstelle und Verkaufsshop Hydro Texaco.
Ebene Stellflächen für 10 Mobile.
Ver- und Entsorgung am Stellplatz.
Wasserversorgung und WC am Platz.
Mülltonnen am Stellplatz.
Aufenthaltsdauer 1 Nacht.
Keine Parkgebühr.
Besichtigung in Arhus: Dom, Freilichtmuseum Den Gamle By, Moesgard Museum, Rathaus, Musikhus.
Besichtigung von Skanderborg: Schloss, Schlosspark, Borgergade, Skolegade, Museum.
Schiffsfahrt auf dem Skanderborg See.
Ausflug nach Ebeltoft.
Informationen: Tel. 86 53 82 88.

Skulptur in einem Hafen

Die Fjorde der Ostsee

Das Amt Vejle in Ostjütland

Tour 7

Tiefeingeschnittene Fjorde bestimmen das Landschaftsbild an der Küste der Ostsee. Abseits von der Küste beherrschen Wälder, Heide, Ackerland und Wiesen das Land. Für die Tour durch dieses Gebiet findet man in Norre Snede zwei gute Plätze für die Übernachtung (**OV-1** und **OV-2**). An einem Bauernhof dürfen auch Caravan-Gespanne Halt machen. Ein weiterer schön und ruhig gelegener Stellplatz in Gabjerg kann auch von Wohnmobilen und Gespannen aufgesucht werden (**OV-3**). In Vandel befinden sich Supermarkt, Kiosk, Tankstelle und andere Geschäfte am Stellplatz (**OV-4**).

Einen Freizeitpark mit aktiven Attraktionen kann man auf dem Weg zur Küste in Torning aufsuchen. Abenteuerliche Eindrücke in Indianerdörfern, Fahrten mit schnellen Gokarts, erregende Aufstiege auf hohen Kletterwänden, schwindelerregende Erlebnisse auf Achterbahnen verspricht der Besuch des Play Land.

Die lebendige Stadt Horsens dehnt sich am Ende des Horsens-Fjords aus. Schmucke Bauten aus der Zeit des Barock und stolze Kaufmannshöfe schmücken die Altstadt. Das größte mittelalterliche Festival Europas wird im August in der Stadt gefeiert. Zeugen aus dem Mittelalter sind Reste der Burganlage, die Erlöserkirche aus dem 12. Jahrhundert, der Lichtenberg-Palast mit einer breiten Freitreppe und kunstvollen Stuckdecken, die Klosterkirche des ehemaligen Franziskanerklosters aus dem 13. Jahrhundert.

Im Industriemuseum lernt man die Lebensbedingungen der Arbeiterfamilien im 19. Jahrhundert kennen. Das Kunstmuseum zeigt eine beachtliche Sammlung zeitgenössischer Kunst. Die Entwicklung der Region um Horsens wird im Horsens Museum durch prähistorische Funde und mittelalterliche Gegenstände dargestellt. Dem Entdecker der Passage zwischen Alaska und Sibirien, heute als Behringstraße bekannt, Vitus Behring, ein Sohn der Stadt Horsens, ist eine Abteilung des Museums gewidmet.

In Horsens hat man die Wahl entweder auf einem Bauernhof (**OV-5**) oder am Bootshafen (**OV-6**) zu übernachten. Am Lystbadehavn steht Wasser- und Stromversorgung, Sanitäranlage, Dusche und sogar eine Kochgelegenheit zur Verfügung. In einem Restaurant kann man sich verwöhnen lassen. Die maximale Aufenthaltsdauer beträgt drei Tage.

Die moderne Hauptstadt der Region Vejle liegt am gleichnamigen Fjord, der sich viele Kilometer ins Landesinnere schlängelt. Ein Rundgang durch die Altstadt führt zur gotischen Nikolai-Kirche mit der 2500 Jahre alten Moorleiche einer keltischen Frau und mit eingemauerten Schädeln von hingerichteten Räubern, zum Rathaus von 1878, zu Fachwerkhäusern in der Sondergade und zum Wahrzeichen der Stadt, zur Vejle Molle, eine wieder in Betrieb genommene Windmühle von 1847.

Bis 1000 nach Christi war Jelling, 12 Kilometer nordwestlich von Vejle, das politische Zentrum des Landes. Die über zwanzig Meter hohen Grabhügel stammen aus der Wikinger-Zeit um 950. Hohe Runensteine, Weltkulturerbe der UNESCO, künden von der Zeit des König Gorms. Eine Übernachtungsmöglichkeit erreichen die Wohnmobilurlauber in Egtved (**OV-7**).

An der Mündung des Vejle Fjords wurde im Bootshafen von Juelsminde ein Stellplatz eingerichtet (**OV-8**). Hier besteht auch die Möglichkeit das Mobil zu ver- und entsorgen, elektrischen Strom zu beziehen, in nahen Geschäften einzukaufen, eine Gaststätte zu besuchen oder am nahen Strand zu baden. Malerische Fischkutter und elegante Jachten bestimmen das Bild in diesem lebhaften Hafen.

Im Hafen von Juelsminde

Eine zweite, große Stellfläche steht dem Wohnmobiltouristen in Juelsminde beim Anwesen Torben Krog in ruhiger und schöner Lage zur Verfügung (**OV-9**).

Auf den Autobahn-Raststätten Skaerup Ost und Skaerup Vest hat der Wohnmobilurlauber die Gelegenheit, das Haus auf Rädern von allem Ballast zu befreien und mit Frischwasser zu versorgen (**OV-10** und **OV-11**).

Fredericia liegt am Kleinen Belt und besitzt wunderschöne Sandstrände in der Nähe der Innenstadt. Leider besteht nur für kurze Zeit die Möglichkeit, das Wohnmobil auf dem Lkw-Parkplatz abzustellen (**OV-12**).

Im Hafen von Juelsminde

Die Stadt wurde 1650 von Frederik III. als Festung gegründet, um den Übergang zur Insel Fünen zu schützen. Von den ehemaligen Wehranlagen sind nur noch das Prinzentor und die hohen Wälle erhalten. Das Antlitz der alten Festungsstadt zeigt Miniby, eine Miniaturstadt im Maßstab eins zu zehn. Der Vergnügungspark Madsby Parken lockt mit Bootsfahrten und Badespaß.

Der große, lebendige Hafen ist Heimathafen der Eisbrecher, Fährhafen nach skandinavischen Ländern, Sporthafen für Motor- und Segeljachten, Anlandungsplatz für Fischkutter und Ankerplatz für mehrere historische Schiffe.

Kolding am Ende des Kolding Fjords hat einiges für den Kulturliebhaber zu bieten. Das Koldinghus Schloss, seit dem 16. Jahrhundert eine bevorzugte Residenz der dänischen Könige, gewährt vom Heroenturm einen phantastischen Rundblick über Stadt und Fjord. Im Inneren des Schlosses ist heute eine Sammlung alter Möbel, Silberwaren und Porzellanarbeiten aus dem gesamten dänischen Raum zu sehen.

Ostjütland Vejle

Bei einem Bummel durch den geographischen Garten am südlichen Stadtrand sind über 2000 Pflanzen aus aller Welt zu bewundern. Schöne Spaziergänge führen in die Parks am Ufer des Fjords. Die vielen Seen und Flüsse in der Umgebung und der ruhige Fjord laden zum Angeln oder zum Surfen, Segeln und Paddeln ein.

Das Wohnmobil entleert man von den Abwässern und versorgt es mit Frischwasser vor der Weiterfahrt zu den Inseln Fünen und Seeland am günstigsten auf den Autobahn-Raststätten in der Nähe von Kolding Harte Nord (**OV-13**), Harte Syd (**OV-14**), Hylkedal Vest (**OV-15**) oder Hylkedal Ost (**OV-16**).

Paddeln auf dem Kolding Fjord

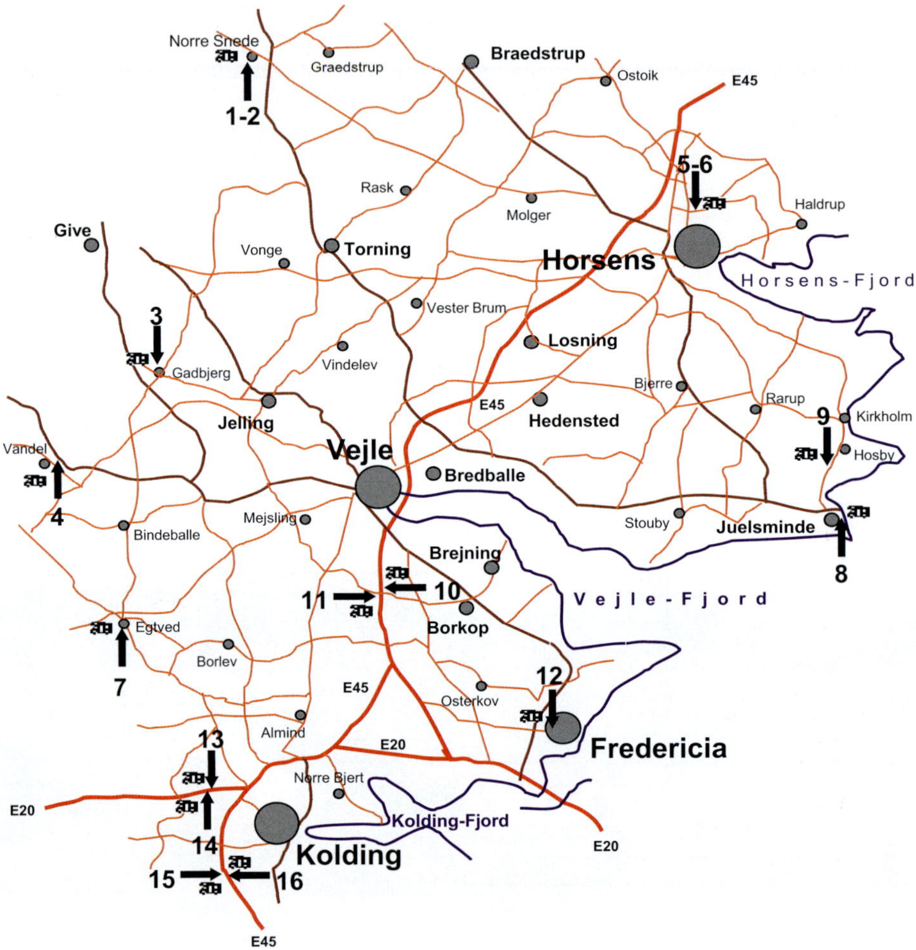

Tour 7

Ostjütland Vejle

Tour 7: **Ostjütland Amt Vejle**

Nr.	Ort, Bezeichnung	Stell-plätze A	Gast-haus	Häu-ser	WC	Bad See	Orts-nähe B	Ent-sorg.	Park-dauer C	Park-gebühr D
OV-1	Norre Snede, Schultz ***	5	-	+	-	-	x	-	1	0
OV-2	Norre Snede, Blauw **	5	-	+	-	-	x	-	1	P
OV-3	Gadbjerg, Lindbjerg ***	10	-	+	-	-	x	+	U	60
OV-4	Vandel, Dagli' Brugsen *	5	-	+	-	-	x	-	1	0
OV-5	Horsens, Lystbadehavn ***	5	+	+	+	-	x	-	3	110
OV-6	Horsens Glud, Andersen **	3	-	+	-	-	x	-	U	50
OV-7	Egtved, Aaby **	3	-	+	+	-	x	-	1	P
OV-8	Juelsminde, Bootshafen **	10	+	+	+	+	2	+	1	P
OV-9	Juelsminde, Torben Krog ***	20	-	+	-	-	x	-	1	P
OV-10	Vejle Lindet, Rastst. Skaerup Ost *	10	+	-	+	-	x	+	1	0
OV-11	Vejle Lindet, Rastst. Skaerup Vest *	10	+	-	+	-	x	+	1	0
OV-12	Fredericia, Lkw-Stellplatz *	20	-	+	-	-	x	-	1	0
OV-13	Kolding, Raststätte Harte Nord *	10	+	-	+	-	x	+	1	0
OV-14	Kolding, Raststätte Harte Syd *	10	+	-	+	-	x	+	1	0
OV-15	Kolding, Raststätte. Hylkedal Vest *	10	+	-	+	-	x	+	1	0
OV-16	Kolding, Raststätte, Hylkedal Ost *	10	+	-	+	-	x	+	1	0

Legende

****	sehr ruhige und sehr schöne Lage.
***	sehr ruhige und schöne Lage.
**	ruhige und gute Lage.
*	keine ruhige Lage.
A	Stellplätze gestaffelt nach 3, 5, 10, 20, 30, 50 Wohnmobilen. Dabei wird angenommen, dass nur die Hälfte des Platzes zur Verfügung steht und die andere Hälfte durch PKW belegt ist.
B	Fußweg in Minuten, x über 15 min Fußweg.
C	Aufenthaltsdauer in Tagen.
D	Stellplatzgebühr in Dänischen Kronen pro Wohnmobil und 24 Stunden oder Parkgebühr.
P	Parkgebühr in der Saison.
T	Aufenthaltsdauer einige Tage.
U	Aufenthaltsdauer unbegrenzt.

8766 Norre Snede Schultz *** OV - 1

Privater **Wohnmobilplatz** an einem ehemaligen Bauernhof in sehr ruhiger und schöner Lage.

Von Viborg N13 rechts abbiegen auf die 176 Richtung Billund. Nach 1,7 km links in den Frisbaekvej fahren. Noch 900 m bis zum Platz rechts **(Frisbaekvej 27)**
Koordinaten: 55° 59,94' Nord, 9° 21,10' Ost.

Häuser am Platz.
Kostenlose Ver- und Entsorgung am Platz.
Keine Stromversorgung.
Ganzjährig zugänglich.
Aufenthaltsdauer nicht begrenzt.
Stellflächen für 5 Wohnmobile auf Wiese.
Keine Parkgebühr.
Wandern auf dem alten Heerweg.
Besichtigung von Silkeborg: Hovedgarden, Kunstmuseum, Aqua (Nordeuropas größtes Süsswasseraquarium).
Wandern und Radfahren am westlichen Stadtrand.
Besichtigung: Kunstmuseum in Horsens.
Besuch des Mittelalterfestival im August in Horsens.
Fahrt zur Ostseeküste.
Informationen: Tel. 75 77 53 78.

8766 Norre Snede Blauw ** OV - 2

Privater **Wohnmobil- und Caravanplatz** an einem Bauernhof in ruhiger und schöner Lage.

Von Viborg N13 rechts abbiegen auf die 176 Richtung Billund. Nach 1,7 km links in den Frisbaekvej fahren. Nach 1,9 km links abbiegen. Noch 300 m bis zum Platz (**Frisbaekvej 14**).
Koordinaten: 55° 59,50' Nord, 9° 22,01' Ost.

Häuser am Platz.
Ganzjährig zugänglich.
Stellflächen für 5 Wohnmobile auf Wiese.
Parkgebühr.
Wanderungen und Radtouren.
Naturlehrpfad am Stellplatz.
Wandern auf dem alten Heerweg.
Besichtigung von Silkeborg: Hovedgarden, Kunstmuseum, Aqua (Nordeuropas größtes Süsswasseraquarium).
Besichtigung des Kunstmuseums in Horsens.
Besuch des Mittelalterfestival im August in Horsens.
Wandern und Radfahren am westlichen Stadtrand.
Fahrt zur Ostseeküste.
Informationen: Tel. 75 77 16 63.

7321 Gadbjerg Lindbjerg ***

OV - 3

Privater **Wohnmobil- und Caravanplatz** an einem Bauernhof in sehr ruhiger und schöner Lage.

Von Vejle auf der 441 Richtung Give fahren. Richtung Givskud abbiegen. Auf dem Tofthoj Mollevej nach 2 km rechts abbiegen. Noch 350 m **(Tofthoj Mollevej 53)**
Koordinaten: 55° 47,72' Nord, 9° 20,18' Ost.

Häuser am Platz.
Ver- und Entsorgung am Platz.
Stromversorgung: Gebühr 25 Kronen.
Ganzjährig zugänglich.
Aufenthaltsdauer nicht begrenzt.
Stellflächen für 10 Wohnmobile auf 2 Wiesen.
Schatten durch Bäume.
Parkgebühr: 60 DKK für 24 Stunden.
Wanderungen und Radtouren.
Besuch des Löwenparks in Givskud.
Besichtigung der Runensteine in Jelling.
Besichtigung von Vejle: Radhus, St. Nikolai-Kirche, Vejle Molle, Kunstmuseum.
Ausflug zur Ostseeküste.
Informationen: Tel. 50 95 03 08.

7184 Vandel Dagli' Brugsen *

OV - 4

Übernachtungsplatz in guter Lage.

Von der 28 (Vejle-Grinsted) im Kreisel östlich von Billund Richtung Vandel abbiegen. Nach 100 m am Ortsanfang rechts zum Platz abbiegen. Noch 100 m.
Koordinaten: 55° 42,78' Nord, 9° 13,06' Ost.

Häuser, Kiosk, Tankstelle und Supermarkt am Platz.
Ebene, gepflasterte Stellflächen für 5 Mobile.
Ganzjährig zugänglich.
Keine Parkgebühr.
Besuch des Legolands in Billund.
Wanderungen und Radtouren.
Besichtigung von Jelling. Zwei Grabhügel von 935 (König Gorms und Königin Thyra), Runensteine.
Besichtigung von Vejle: Radhus, Nicolai Kirke, Molle (Windmühle), Kunstmuseum, Vejle Museum (Vor- und Frühgeschichte).
Fahrt nach Kolding.
Fahrt nach Horsens.
Ausflug zur Ostseeküste.

8700 Horsens Lystbadehavn *** OV - 5

Wohnmobilplatz am Bootshafen in ruhiger und sehr schöner Lage.

Auf der 451 in Horsens Richtung Havn fahren. Dem Wohnmobilschild folgen zum Lystbadehavn **(Jens Hjernoes Vej)**.
Koordinaten: 55° 51,44' Nord, 9° 52,36' Ost.

Häuser, Kiosk und Restaurant am Platz.
Müllbehälter am Stellplatz.
Wasserversorgung und Stromversorgung am Platz.
Sanitäranlage mit Dusche am Platz.
Kochküche vorhanden.
Geschotterte, ebene und gerade Stellflächen für 5 Mobile.
Parkgebühr: 110 DKK pro Übernachtung.
alles inklusive; zahlbar im Büro des Jachthafens.
Aufenthaltsdauer: max. 3 Übernachtungen.
Ganzjährig zugänglich.
Spielplatz vorhanden.
Wandern und Radfahren am Bygholm See
und im Bygholm Park.
Besichtigung des Kunstmuseum in Horsens.
Besuch des Mittelalterfestivals im August in Horsens.
Fahrt zum Kattegat.
Fahrt nach Vejle.
Fahrt nach Kolding.
.

8700 Horsens Glud Andersen ** OV - 6

Wohnmobilplatz an einem Bauernhof in ruhiger und schöner Lage.

Auf der 459 von Horsens Richtung Juelsminde fahren. Links abbiegen Richtung Pot. Nochmals links und nach 500 m rechts. Noch 150 m bis zum Hof **(Potvej 4)**.
Koordinaten: 55° 47,75' Nord, 10° 01,60' Ost.

Ebene und leicht schräge Stellflächen
auf Wiesengelände für 3 Mobile.
Aufenthaltsdauer unbegrenzt.
Ganzjährig zugänglich.
Parkgebühr: 50 DKK für 24 Stunden.
Wandern und Radfahren am Bygholm See
und Bygholm Park.
Besichtigung des Kunstmuseum in Horsens.
Besuch des Mittelalterfestivals im August in Horsens.
Fahrt zum Kattegat.
Fahrt nach Vejle.
Fahrt nach Kolding.
Informationen: Tel. 75 68 35 07.

6040 Egtved Aaby ** OV - 7

Wohnmobilplatz am Bauernhof in ruhiger Lage.

Von der 417 (Vejle-Ribe) Richtung Egtved am Ortseingang abbiegen (Ostergade). Nach 2,9 km - 200 m nach dem Ortsende - links dem kleinen Wohnmobil-Symbol folgen (**Verstergade 61**). Noch 100 m bis zum Platz links hinter dem Haus.
Koordinaten: 55° 36,94' Nord, 9° 17,73' Ost.

Häuser am Platz.
Ebene und leicht schräge, gekieste Stellflächen für 3 kleine Mobile.
Für große Wohnmmobile nicht geeignet.
WC am Platz. Wasserversorgung möglich.
Stromversorgung: Gebühr 20 DKK.
Spielplatz vorhanden.
Ganzjährig zugänglich.
Parkgebühr.
Besuch des Legolands in Billund.
Wanderungen und Radtouren.
Besichtigung von Jelling. Zwei Grabhügel von 935 (König Gorms und Königin Thyra), Runensteine.
Besichtigung von Vejle: Radhus, Nicolai Kirke, Molle (Windmühle), Kunstmuseum, Vejle Museum (Vor- und Frühgeschichte).
Fahrt zur Ostseeküste.
Informationen: Tel. 75 55 60 13 oder 26 13 60 13.

7130 Juelsminde Bootshafen ** OV - 8

Wohnmobilplatz am Bootshafen in ruhiger und guter Lage.

Von der Ausfahrt 59 der Autobahn E45 Richtung Juelsminde fahren (23) und 400 m nach dem Ortsanfang halbrechts fahren (Odelsgade). Nach 400 m links abbiegen (**Havnegade**). Nach 100 m rechts dem P-Schild folgen. Noch 50 m. Koordinaten: 55° 42,88' Nord, 10° 0,89' Ost.

Gaststätte und Häuser am Platz. Blick auf den Hafen.
WC in der Nähe.
Ver- und Entsorgung möglich.
Stromversorgung gegen Gebühr.
Ebene befestigte Stellflächen für 10 Mobile.
Zugänglich 01.05.-30.09., sonst mit Jachten belegt.
Parkgebühr.
2 min Fußweg zur Ortsmitte und zur Geschäftsstraße.
Kleiner Sandstrand in der Nähe.
Wandern und Radtouren am Vejle Ford und an der Ostseeküste.
Besichtigung von Vejle: Radhus, Nicolai Kirke, Molle (Windmühle), Kunstmuseum, Vejle Museum (Vor- und Frühgeschichte).
Besichtigung von Jelling. Zwei Grabhügel von 935 (König Gorms und Königin Thyra), Runensteine.
Fahrt nach Kolding.

7130 Juelsminde Torben Krog *** OV - 9

Wohnmobilplatz an einem Gehöft in sehr ruhiger und schöner Lage.

300 m nach dem Ortsanfang Juelsminde links Richtung Glud abbiegen (459). Nach 6,7 km links Richtung Astrup abbiegen. Noch 500 m bis zur Zufahrt links (**Astrupvej 52**).
Koordinaten: 55° 46,24' Nord, 9° 59,94' Ost.

Häuser am Platz.
Wasserversorgung möglich.
Ebene, gekieste Stellflächen für 20 Mobile.
Ganzjährig zugänglich.
Parkgebühr.
Wandern und Radtouren am Vejle Ford und an der Ostseeküste.
Besichtigung von Vejle: Radhus, Nicolai Kirke, Molle (Windmühle), Kunstmuseum, Vejle Museum (Vor- und Frühgeschichte).
Besichtigung von Jelling. Zwei Grabhügel von 935 (König Gorms und Königin Thyra), Runensteine.
Fahrt nach Horsens.
Fahrt nach Kolding.
Informationen: Tel. 75 86 05 00.

7100 Vejle-Lindet Autobahn E45 Skaerup Ost * OV - 10

Übernachtungsplatz an der Raststätte Skaerup Ost.

Von der Auffahrt 62 (Kolding Nord) in nördliche Richtung zur Raststätte Skaerup Ost fahren und an der Ausfahrt 61 (Vejle Sud) wieder abfahren.
Koordinaten: 55° 38,31' Nord, 9° 33,72' Ost.

Raststätte am Platz.
Tankstelle und Verkaufsshop Shell Skaerup Ost.
Ebene Stellflächen für 10 Mobile.
Ver- und Entsorgung am Stellplatz.
Wasserversorgung und WC am Platz.
Mülltonnen am Stellplatz.
Aufenthaltsdauer 1 Nacht.
Keine Parkgebühr.
Besichtigung von Vejle: Radhus, Nicolai Kirke, Molle (Windmühle), Kunstmuseum, Vejle Museum (Vor- und Frühgeschichte).
Ausflug nach Fünen.
Fahrt nach Kolding.
Informationen: Tel. 86 41 11 04.

7100 Vejle-Lindet Autobahn E45 Skaerup West * OV - 11

Übernachtungsplatz an der Raststätte Skaerup Vest.

Von der Auffahrt 61 (Vejle Sud) in südliche Richtung zur Raststätte Skaerup West fahren und an der Ausfahrt 62 (Kolding Nord) wieder abfahren.
Koordinaten: 55° 38,67' Nord, 9° 33,62' Ost.

Raststätte am Platz.
Tankstelle und Verkaufsshop Shell Skaerup Vest.
Ebene Stellflächen für 10 Mobile.
Ver- und Entsorgung am Stellplatz.
Wasserversorgung und WC am Platz.
Mülltonnen am Stellplatz.
Aufenthaltsdauer 1 Nacht.
Keine Parkgebühr.
Besichtigung von Vejle: Radhus, Nicolai Kirke, Molle (Windmühle), Kunstmuseum, Vejle Museum (Vor- und Frühgeschichte).
Ausflug nach Fünen.
Fahrt nach Kolding.
Informationen: Tel. 75 86 05 22.

7000 Fredericia Lkw-Parkplatz * OV - 12

Übernachtungsplatz auf einem Lkw-Parkplatz.

Von der Ausfahrt Fredericia Süd der Autobahn E20 Richtung Centrum fahren (Strandvejen) und nach 1,8 km links abbiegen (**Rode Banke**). Noch 100 m bis zum Platz links.
Koordinaten: 55° 33,07' Nord, 9° 43,46' Ost.

Häuser am Platz.
Ebene, asphaltierte Stellflächen für 20 Mobile.
Ganzjährig zugänglich.
Aufenthaltsdauer 12 Stunden.
Keine Parkgebühr.
Wandern und Radtouren am Vejle Ford und an der Baring Vig.
Besichtigung von Fredericia. Wallanlagen, Prinsenport (Stadttor), Fredericia Museum (Silberwarenfabrik, Glaubensgemeinschaften), Madsby Parken (Indianerdorf, Badeland).
Besichtigung von Vejle: Radhus, Nicolai Kirke, Molle (Windmühle), Kunstmuseum, Vejle Museum (Vor- und Frühgeschichte).
Besichtigung von Jelling. Zwei Grabhügel von 935 (König Gorms und Königin Thyra), Runensteine.
Besichtigung von Middenfart: Brücken zum Festland, Hindsgavl Slot, Nikolai Kirke, KeramikMuseum, Stadtmuseum.

6000 **Kolding** Autobahn E20 Harte Nord * OV - 13

Übernachtungsplatz an der Raststätte Harte Nord.

Von der Auffahrt 64 (Kolding Vest) in westliche Richtung zur Raststätte Harte Nord fahren und an der Ausfahrt 65 (Lunderskov Ost) wieder abfahren.
Koordinaten: 55° 30,86' Nord, 9° 24,04' Ost.

Raststätte am Platz.
Tankstelle und Verkaufsshop Q8 Harte Nord.
Ebene Stellflächen für 10 Mobile.
Ver- und Entsorgung am Stellplatz.
Wasserversorgung und WC am Platz.
Mülltonnen am Stellplatz.
Aufenthaltsdauer 1 Nacht.
Keine Parkgebühr.
Besichtigung von Vejle: Radhus, Nicolai Kirke,
Molle (Windmühle), Kunstmuseum,
Vejle Museum (Vor- und Frühgeschichte).
Ausflug nach Fünen.
Besichtigung von Kolding: Koldinghus Slot, Vejen,
Geographischer Garten, Skamlingsbanken.
Informationen: Tel. 75 55 93 00.

6000 **Kolding** Autobahn E20 Harte Syd * OV - 14

Übernachtungsplatz an der Raststätte Harte Syd.

Von der Auffahrt 65 (Lunderskov Ost) in östliche Richtung zur Raststätte Harte Syd fahren und an der Ausfahrt 64 (Kolding Vest) wieder abfahren.
Koordinaten: 55° 30,69' Nord, 9° 23,69' Ost.

Raststätte am Platz.
Tankstelle und Verkaufsshop Q8 Harte Syd.
Ebene Stellflächen für 10 Mobile.
Ver- und Entsorgung am Stellplatz.
Wasserversorgung und WC am Platz.
Mülltonnen am Stellplatz.
Aufenthaltsdauer 1 Nacht.
Keine Parkgebühr.
Besichtigung von Vejle: Radhus, Nicolai Kirke,
Molle (Windmühle), Kunstmuseum,
Vejle Museum (Vor- und Frühgeschichte).
Ausflug nach Fünen.
Besichtigung von Kolding: Koldinghus Slot, Vejen,
Geographischer Garten, Skamlingsbanken.
Informationen: Tel. 75 55 93 01.

6000 **Kolding** Autobahn E45 Hylkedal Vest * OV - 15

Übernachtungsplatz an der Raststätte Hylkedal Vest.

Von der Auffahrt 64 (Kolding Vest) in südliche Richtung zur Raststätte Hylkedal Vest fahren und an der Ausfahrt 65 (Kolding Syd) wieder abfahren.
Koordinaten: 55° 28,60' Nord, 9° 25,43' Ost.

Raststätte am Platz.
Tankstelle und Verkaufsshop Info-Teria.
Ebene Stellflächen für 10 Mobile.
Ver- und Entsorgung am Stellplatz.
Wasserversorgung und WC am Platz.
Mülltonnen am Stellplatz.
Aufenthaltsdauer 1 Nacht.
Keine Parkgebühr.
Besichtigung von Vejle: Radhus, Nicolai Kirke,
Molle (Windmühle), Kunstmuseum,
Vejle Museum (Vor- und Frühgeschichte).
Ausflug nach Fünen.
Besichtigung von Kolding: Koldinghus Slot, Vejen,
Geographischer Garten, Skamlingsbanken.
Informationen: Tel. 75 52 46 86.

6000 **Kolding** Autobahn E45 Hylkedal Ost * OV - 16

Übernachtungsplatz an der Raststätte Hylkedal Ost.

Von der Auffahrt 65 (Kolding Syd) in nördliche Richtung zur Raststätte Hylkedal Ost fahren und an der Ausfahrt 64 (Kolding Vest) wieder abfahren.
Koordinaten: 55° 28,47' Nord, 9° 25,60' Ost.

Raststätte am Platz.
Tankstelle und Verkaufsshop Info-Teria.
Ebene Stellflächen für 5 Mobile.
Keine Ver- und Entsorgung.
Wasserversorgung und WC am Platz.
Mülltonnen am Stellplatz.
Aufenthaltsdauer 1 Nacht.
Keine Parkgebühr.
Besichtigung von Vejle: Radhus, Nicolai Kirke,
Molle (Windmühle), Kunstmuseum,
Vejle Museum (Vor- und Frühgeschichte).
Ausflug nach Fünen.
Besichtigung von Kolding: Koldinghus Slot, Vejen,
Geographischer Garten, Skamlingsbanken.
Informationen: Tel. 75 53 90 04.

Von der Ostsee umschlossen

Die Insel Fünen

Tour 8

Gleich nach den zwei sehenswerten Brücken von 1935 und 1970 über den Kleinen Belt erreicht man am Bootshafen von Middelfart auf Fünen einen in einzelnen Parkbuchten sehr schön angelegten und sehr ruhig gelegen Stellplatz (**FN-1**). Für einen längeren Aufenthalt sind alle Einrichtungen vorhanden. Im Minimarkt können die Vorrate ergänzt werden und eine Gaststätte lädt zum Besuch ein. Wanderungen, Radtouren und Badevergnügen können den Aufenthalt abwechslungsreich gestalten.

Im Hafen von Middelfart

In Mittelfart sind das Hindsgavl Schloss von 1784, heute ein Hotel, umgeben von einem ruhigen Parkgelände, die Nikolai Kirche mit einem Barockaltar und die Fachwerkhäuser in der Innenstadt zu besichtigen. Die Vielfalt moderner Keramik zeigt das Keramik-Museum, im Middelfart Museum ist ein Modell der Stadt aus dem 19. Jahrhundert zu sehen, der erste Brückenbau von 1935 wird ausführlich dargestellt und eine Ausstellung zeigt Damenhüte aus mehreren Jahrhunderten.

In Bogense an Fünens Nordküste sind der Hafen, die vielen Fachwerkhäuser, Läden mit kunsthandwerklichen Arbeiten und das “Mannekin Pis”, eine Springbrunnenfigur wie sein berühmtes Brüsseler Vorbild, zu bewundern. In der Nähe von Bogense ist der Glavendrup Runenstein zu sehen, der die längste Runen-Inschrift des Landes besitzt.

Vor der Weiterfahrt über die Insel Fünen sollte man sein

Fünen und Langeland

Ferienhaus auf Rädern an den Autobahn-Raststätten Lillibaelt Nord (**FN-2**), Lillibaelt Syd (**FN-3**), Kildebjerg Nord (**FN-4**) oder Kildebjerg Syd (**FN-5**) entsorgen und Frischwasser an Bord nehmen.

Der größte Freizeitpark auf Fünen bei Aarup stellt eine Vielzahl von Attraktionen für Jung und Alt zur Verfügung. In den Aquarien in Vissenbjerg schwimmen alle Arten Meeresbewohner, darunter Haie und Piranhas. Eine Armada von unzähligen Segeljachten liegt in der Marina von Assens an der Südküste von Fünen.

Odense, die Hauptstadt Fünens, benannt nach dem germanischen Kriegsgott Odin, ist durch den Märchenerzähler H. C. Andersen berühmt geworden. Im Stadtpark kann der Besucher den großen Dichter in Bronze bewundern, seine Einrichtungen und Gegenstände in seinem Wohnhaus besichtigen und im Museum seinen Lebensweg kennenlernen. Kinder erleben seine Fantasie- und Märchenwelt durch Erzählungen, Theater und Musik im Kulturhaus. Andersen war schon zu Lebzeiten ein geachteter Mann und ein gern gesehener Gast beim Hochadel. Für ihn selbst war sein Leben ein schönes Märchen.

Durch einen Kanal wurde Odense 1804 mit der Ostsee verbunden. Seit dieser Zeit nimmt Odense am wirtschaftlichen Aufschwung teil. Zum Bummeln und Einkaufen findet der Besucher in der Innenstadt um Dom, Rathaus und Kloster in den Fußgängerzonen viele Gelegenheiten.

Im gotischen Dom haben König Knud und andere Könige aus der dänischen Geschichte ihre letzte Ruhestätte gefunden. Das Prunkstück im Inneren der Kirche ist der Schnitzaltar von Claus Berg aus dem Jahr 1534. Wenige Meter von dem Dom entfernt markiert ein Denkmal die Stätte der Ermordung des heiligen Königs Knud.

Weitere Besuchsziele sind in Odense das Hans Christian Andersen Haus, eine Dokumentation seines Lebens und Wirkens und seiner Werke, der Münzhof (Montergarden), eine Ausstellung über die Zeit der Wikinger, das Carl Nielsen Museum des berühmten Komponisten von Sinfonien und Opern, das Fyns Kunstmuseum mit Exponaten dänischer Kunst und das Eisenbahmuseum (Danmarks Jernbanemuseet). Eine besondere Attraktion ist die ehemalige Textilfabrik Brandts Klaedefabrik, ein Treffpunkt der modernen Kunst- und Kulturszene in Konzertsälen, Ausstellungsräumen, auf einer Freilichtbühne und in vielen Cafés und internationalen Restaurants.

Ein anderes interessantes Besuchsziel ist das Fünische Dorf (Den Fynske Landsby) am südlichen Stadtrand, ein Freilichtmuseum des dörflichen Lebens auf Fünen. In den Werkstätten kann man selbst weben, töpfern, schneidern oder schnitzen. Auf der Bühne des Dorfes werden im Sommer Andersens Märchen dargestellt. Im Kulturzentrum Hollufgard werden den Besuchern die Häuser in der Stein- und Bronzezeit und das Leben der Wikinger gezeigt.

Im südlichen Teil von Fünen steht in Stenstrup an einem Bauernhof auf einer Wiese ein Stellplatz zur Verfügung (**FN-6**). Im Hafen von Svendborg, einer alte Seefahrerstadt liegen Fähren zu den dänischen Inseln, Fischkutter, historische Schiffe und große Motor- und Segeljachten im Hafen und am Kai. Das Hafenviertel wird wegen der alten Fachwerkbauten gerne von Touristen besucht.

Damm und Brücke führen auf die lange, schmale Insel Langeland. Die langen, breiten Sandstrände werden immer wieder durch steile Klippen abgelöst. Langeland nennt man auch wegen der alten Windräder Mühleninsel. In der Schlossmühle ist das Mühlenmuseum untergebracht. Rudkobing, geprägt von rustikalen Stadthäusern und stattlichen Kaufmannshöfen, ist der Hauptort der Insel. Im Langeland-Museum erfährt man einiges aus der Zeit der Wikinger, Grabbeigaben, Werkzeuge, Streitäxte und Schmuck aus Bernstein sind zu sehen.

Sehenswert ist das Tranekaer Schloss in der Mitte von Langeland, das auf den Grundmauern einer alten Festung entstand und von einem Park im englischen Stil umgeben wird. Auf einer Wiese, am Feldrain und im Wald wurden Kunstwerke ungeschützt in der freien Natur aufgestellt.

Unbegrenzt kann man sein Schlafmobil an einem Bauernhof in Tranekaer Ennebolle in einer ruhigen und reizvolle Umgebung aufstellen (**FN-7**). Wasser- und Stromversorgung und eine Sanitäranlage sind vorhanden, der Badestrand ist über einen Feldweg zu erreichen.

In Hesselager im Osten von Fünen bietet sich ein weiterer Platz für die Übernachtung an (**FN-8**). Sehenswert sind der Herrensitz aus der Renaissancezeit und der Dammestenen, der größte Findling Dänemarks. Auf dem Weg nach Seeland kann man sein Wohnmobil auch an einer Autowerkstatt in Ferritslev kostenlos abstellen (**FN-9**).

Bevor man über die Brücke des Großen Belt fährt, sollte man Nyborg, den alten und jetzt ausgedienten Fährhafen, besuchen. 1998 endete die Fährschiffahrt endgültig mit der Einweihung des grandiosen Brückenbauwerks. Eine Museumsfähre mit dem Salon des Königs erfreut die Besucher bei täglichen Rundfahrten.

Viele Jahre war das Nyborg Schloss, erbaut auf den Grundmauern einer Festung zur Überwachung des Großen Belt, Wohnsitz der dänischen Könige. Zu Beginn des 20. Jahrhunderts wurde das Schloss restauriert.

Das schönste Gebäude in Nyborg ist das Mads Lerche Gard, ein glanzvoller Kaufmannshof für den Bürgermeister. In einem fünfzig Meter langen Tunnel unter dem Fjord ist die Fauna des Fjords, Schollen, Seesterne, Quallen und andere Meeresbewohner zu bewundern. Eine Fahrt auf der Brücke über den Großen Belt ist ein besonderes Erlebnis. Zehn Minuten dauert die Überfahrt von Fünen nach Seeland.

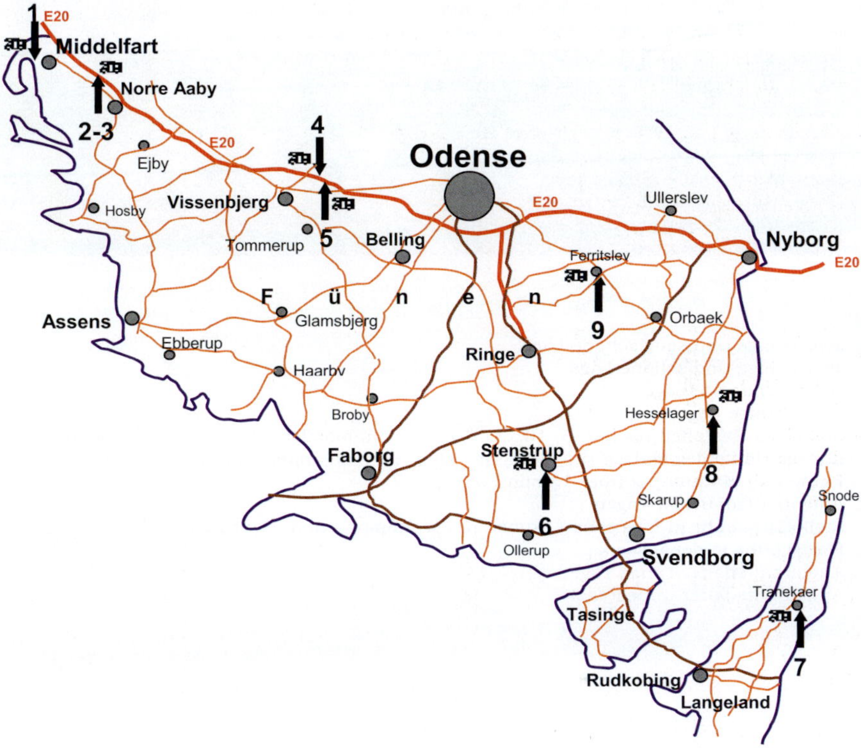

Tour 8

Auf Fünen und Langeland

Tour 8: **Fünen**

Nr.	Ort, Bezeichnung	Stell-plätze A	Gast-haus	Häu-ser	WC	Bad See	Orts-nähe B	Ent-sorg.	Park-dauer C	Park-gebühr D
FN-1	Middelfart, Lystbadehavn ****	7	+	+	-	+	x	+	U	100
FN-2	Norre Aaby, Rast. Lillebaelt Nord *	10	+	-	+	-	x	+	1	0
FN-3	Norre Aaby, Rast. Lillebaelt Syd *	10	+	-	+	-	x	+	1	0
FN-4	Vissenbjerg, Rast. Kildebjerg Nord*	10	+	-	+	-	x	+	1	0
FN-5	Vissenbjerg, Rast. Kildebjerg Syd *	10	+	-	+	-	x	+	1	0
FN-6	Stenstrup Kirkeby, Strandhave *	3	-	+	-	-	x	-	U	50
FN-7	Tranekaer Ennebolle, Laugesen ***	3	-	+	+	+	x	-	U	80
FN-8	Hesselager, Jorgensen **	3	-	+	-	-	x	-	1	P
FN-9	Ferritslev, Christensen *	3	-	+	-	-	x	-	U	0

Legende

****	sehr ruhige und sehr schöne Lage.
***	sehr ruhige und schöne Lage.
**	ruhige und gute Lage.
*	keine ruhige Lage.
A	Stellplätze gestaffelt nach 3, 5, 10, 20, 30, 50 Wohnmobilen. Dabei wird angenommen, dass nur die Hälfte des Platzes zur Verfügung steht und die andere Hälfte durch PKW belegt ist.
B	Fußweg in Minuten, x über 15 min Fußweg.
C	Aufenthaltsdauer in Tagen.
D	Stellplatzgebühr in Dänischen Kronen pro Wohnmobil und 24 Stunden oder Parkgebühr.
P	Parkgebühr in der Saison.
T	Aufenthaltsdauer einige Tage.
U	Aufenthaltsdauer unbegrenzt.

7000 **Middelfart** Lystbadehavn **** FN - 1

Wohnmobilplatz in Parkbuchten am Bootshafen in sehr ruhiger und sehr schöner Lage.

Von der Ausfahrt Fredericia Süd der Autobahn E20 Richtung Middelfart und nach 1,2 km links Richtung Middelfart fahren. Nach weiteren 4,7 km rechts dem Wegweiser Marina folgen (Ostre Hougvej). Nach 1 km rechts Richtung Lystbadehavn abbiegen. Noch 500 m bis zum Platz links (**Ostre Hougvej 124**).
Koordinaten: 55° 29,56' Nord, 9° 43,85' Ost.

Gaststätte, Minimarkt und Häuser in der Nähe.
Entsorgung in der Nähe.
Wasseversorgung am Platz. Gebühr 5 DKK für 50 l.
Stromversorgung. Gebühr 5 DKK für 2 kWh.
Ebene, asphaltierte Stellflächen für 7 Mobile.
Ganzjährig zugänglich.
Aufenthaltsdauer nicht begrenzt.
Parkgebühr: 100 DKK für 24 Stunden.
Minigolf am Platz. Sandstrand und Spielplatz in der Nähe.
Wandern und Radtouren am Vejle Fjord und an der Baring Vig.
Besichtigung von Middelfart auf Fünen: Brücken zum Festland, Hindsgavl Slot, Nikolai Kirke, Keramik Museum, Stadtmuseum.
Besichtigung von Fredericia. Wallanlagen, Prinsenport, Fredericia Museum, Madsby Parken (Indianerdorf, Badeland).
Fahrt zum Freizeitpark Fyns Sommerland.

5580 **Norre Aaby** Autobahn E20 Lillebaelt Nord * FN - 2

Übernachtungsplatz an der Raststätte Lillibaelt Nord.

Von der Auffahrt 57 (Norre Aaby) in westliche Richtung zur Raststätte Lillebaelt Nord fahren und an der Ausfahrt 58 (Middelfart) wieder abfahren.
Koordinaten: 55° 29,29' Nord, 9° 50,63' Ost.

Raststätte am Platz.
Tankstelle und Verkaufsshop Info-Teria.
Ebene Stellflächen für 10 Mobile.
Ver- und Entsorgung am Stellplatz.
Wasserversorgung und WC am Platz.
Mülltonnen am Stellplatz.
Aufenthaltsdauer 1 Nacht.
Keine Parkgebühr.
Besichtigung von Middelfart: Brücken zum Festland, Hindsgavl Slot, Nikolai Kirke, Keramik Museum, Stadtmuseum.
Besichtigung von Fredericia. Wallanlagen, Prinsenport, Fredericia Museum, Madsby Parken (Indianerdorf, Badeland).
Fahrt zum Freizeitpark Fyns Sommerland.
Ausflug über die Insel Fünen.
Besichtigung von Kolding: Koldinghus Slot, Vejen, Geographischer Garten, Skamlingsbanken.
Informationen: Tel. 64 48 10 31.

5580 Norre Aaby Autobahn E20 Lillebaelt Syd * FN - 3

Übernachtungsplatz an der Raststätte Lillibaelt Syd.

Von der Auffahrt 58 (Middelfart) in östliche Richtung zur Raststätte Lillebaelt Syd fahren und an der Ausfahrt 57 (Norre Aaby) wieder abfahren.
Koordinaten: 55° 28,66' Nord, 9° 52,71' Ost.

Raststätte am Platz.
Tankstelle und Verkaufsshop Info-Teria.
Ebene Stellflächen für 10 Mobile.
Ver- und Entsorgung am Stellplatz.
Wasserversorgung und WC am Platz.
Mülltonnen am Stellplatz.
Aufenthaltsdauer 1 Nacht.
Keine Parkgebühr.
Besichtigung von Middelfart: Brücken zum Festland,
Hindsgavl Slot, Nikolai Kirke, Keramik Museum, Stadtmuseum.
Besichtigung von Fredericia. Wallanlagen, Prinsenport,
Fredericia Museum, Madsby Parken (Indianerdorf, Badeland).
Fahrt zum Freizeitpark Fyns Sommerland.
Ausflug über die Insel Fünen.
Besichtigung von Kolding: Koldinghus Slot, Vejen,
Geographischer Garten, Skamlingsbanken.
Informationen: Tel. 64 42 31 10.

5492 Vissenbjerg Autobahn E20 Kildebjerg Nord * FN - 4

Übernachtungsplatz an der Raststätte Kildebjerg Nord.

Von der Auffahrt 53 (Odense Vest) in westliche Richtung zur Raststätte Kildebjerg Nord fahren und an der Ausfahrt 54 (Vissenbjerg) wieder abfahren.
Koordinaten: 55° 23,65' Nord, 10° 11,44' Ost.

Raststätte am Platz.
Tankstelle und Verkaufsshop Q8 Kildebjerg Nord.
Ebene Stellflächen für 10 Mobile.
Ver- und Entsorgung am Stellplatz.
Wasserversorgung und WC am Platz.
Mülltonnen am Stellplatz.
Aufenthaltsdauer 1 Nacht.
Keine Parkgebühr.
Besichtigung von Middelfart: Brücken zum Festland,
Hindsgavl Slot, Nikolai Kirke, Keramik Museum, Stadtmuseum.
Besichtigung von Odense: Radhus, Andersens Hus, Knuds Kirke,
Hans Kirke, Montergarden, Brandts Klaedefabrik, Zoo,
Fyns Kunstmuseum, Carl Nielsens Museum,
Jernbanemuseum.
Fahrt nach Assens.
Ausflug über die Insel Fünen.
Informationen: Tel. 65 96 71 28.

5492 Vissenbjerg Autobahn E20 Kildebjerg Syd * FN - 5

Übernachtungsplatz an der Raststätte Kildebjerg Syd.

Von der Auffahrt 54 (Vissenbjerg) in östliche Richtung zur Raststätte Kildebjerg Syd fahren und an der Ausfahrt 53 (Odense Vest) wieder abfahren.
Koordinaten: 55° 23,59' Nord, 10° 11,38' Ost.

Raststätte am Platz.
Tankstelle und Verkaufsshop Shell Kildebjerg Syd.
Ebene Stellflächen für 10 Mobile.
Ver- und Entsorgung am Stellplatz.
Wasserversorgung und WC am Platz.
Mülltonnen am Stellplatz.
Aufenthaltsdauer 1 Nacht.
Keine Parkgebühr.
Besichtigung von Middelfart: Brücken zum Festland, Hindsgavl Slot, Nikolai Kirke, Keramik Museum, Stadtmuseum.
Besichtigung von Odense: Radhus, Andersens Hus, Knuds Kirke, Hans Kirke, Montergarden, Brandts Klaedefabrik, Zoo, Fyns Kunstmuseum, Carl Nielsens Museum, Jernbanemuseum.
Fahrt nach Assens.
Ausflug über die Insel Fünen.
Informationen: Tel. 65 96 78 90.

5771 Stenstrup Kirkeby Strandhave * FN - 6

Wohnmobilplatz an einem großen Bauerhof in schöner Lage.

Auf der 9 Richtung Svendborg fahren. Links abbiegen Richtung Braendeskov. Noch 2 km bis zum Ziel **(Hojbjergvej 13)**. Koordinaten: 55° 07,73' Nord, 10° 34,95' Ost.

Häuser am Platz.
Wasserversorgung am Bauerhof.
Stromversorgung vorhanden.
Familienfreundlich, Haustiere willkommen.
Stellflächen für 3 Mobile auf Wiesengelände.
Parkgebühr: 50 DKK für 24 Stunden.
Aufenthaltsdauer unbegrenzt.
Ganzjährig zugänglich.
Rinderzucht mit 600 Rindern.
Geräusche durch landwirtschaftliche Geräte.
Besuch der Insel Langeland.
Besuch des Südfünens Vogel- und Naturpark in Vejstrup.
Besichtigung von Schloss Egeskov und Valdemars Slot.
Wanderungen und Radtouren auf Fünen.
Besichtigung von Odense: Radhus, Andersens Hus, Knuds Kirke, Hans Kirke, Montergarden, Brandts Klaedefabrik, Zoo, Fyns Kunstmuseum, Carl Nielsens Museum, Jernbanemuseum.
Fahrt nach Assens.
Fahrt zur Ostsee.
Informationen: Tel. 62 26 11 50.

5953 Tranekaer Ennebolle Laugesen *** FN - 7

Wohnmobilplatz an einem Bauernhof in sehr ruhiger und schöner Lage.

Auf der Insel Langeland und der 305 Richtung Tranekaer fahren. 7 km nach dem Ortsausgangsschild Tranekaer links Richtung Dagelokke. Nach 250 m rechts Richtung Ennebolle. Am Ende der Straße links auf den Skattebollevej. Nach 1,3 km links. Noch 200 m bis zum Bauernhof **(Skattebollevej 20)**.
Koordinaten: 55° 05,07' Nord, 10° 52,78' Ost.

Häuser am Platz.
Müllbehälter und Wasserversorgung am Stellplatz.
Stromversorgung: Gebühr 20 DKK.
Sanitäranlage am Platz.
Familienfreundlich.
Stellflächen für 3 Mobile auf Wiese.
Parkgebühr: 80 DKK pro Übernachtung.
Schotterplatz geplant.
Aufenthaltsdauer unbegrenzt.
Ganzjährig zugänglich.
Badestrand und Liegewiese
in 450 m über Wiesenweg erreichbar.
Ponyreiten auf dem Bauernhof.
Besichtigung von Tranekaer: Schloss, Museum und Aquarium.
Besuch von Valdemars Slot.
Besichtigung Rudkobing.
Ausflug zum Hafen von Lohals.
Wanderungen und Radtouren auf Langeland.
Besichtigung von Odense: Radhus, Andersens Hus,
Knuds Kirke, Hans Kirke, Montergarden, Brandts Klaedefabrik,
Zoo, Fyns Kunstmuseum, Carl Nielsens Museum,
Jernbanemuseum.
Baden in der Ostsee.
Informationen: Tel. 62 55 25 05.

5874 Hesselager Jorgensen ** FN - 8

Wohnmobilplatz an einem Bauernhof in ruhiger und sehr schöner Lage.

Auf der 163 Richtung Nyborg fahren. 4 km vor Hesselager rechts Richtung Lundeborg in den Sternmurevejen einbiegen. Noch 2 km bis zum Platz **(Sternmurevejen 14)**.
Koordinaten: 55° 08,51' Nord, 10° 45,67' Ost.

Häuser am Platz.
Wasserversorgung vorhanden.
Stellflächen für 3 Mobile auf Wiesengelände.
Gepflasterte, ebene und gerade Stellflächen.
Parkgebühr.
Ganzjährig zugänglich.
Besichtigung von Svendborg: Nikolaikirche, Stadtmuseum,
Hvidkilde Slot.
Besuch des Südfünens Vogel- und Naturpark in Vejstrup.
Wanderungen und Radtouren auf Fünen.
Besichtigung von Odense: Radhus, Andersens Hus,
Knuds Kirke, Hans Kirke, Montergarden, Brandts Klaedefabrik,
Zoo, Fyns Kunstmuseum, Carl Nielsens Museum,
Jernbanemuseum.
Ausflug über die Insel Fünen.
Baden in der Ostsee.
Informationen: Tel. 62 25 15 99.

5863 **Ferritslev** Christensen * FN - 9

Privater **Parkplatz** an einer kleinen gepflegten Autowerkstatt.

Auf der 301 von Orbaek nach Odense fahren. 700 m nach dem Ortausgangsschild Ferritslev in Rolfsted rechts in den Rolfvej einbiegen. Noch 300 m bis zum Parkplatz links **(Rolfvej 45)**.
Koordinaten: 55° 19,40' Nord, 10° 34,16' Ost.

Häuser am Platz.
Geschotterte Stellflächen für 3 Mobile.
Keine Parkgebühr.
Aufenthaltsdauer unbegrenzt.
Ganzjährig zugänglich.
Fischverkauf am Platz.
Angelmöglichkeit.
Besichtigung von Nyborg.
Fahrt zur Beltquerung (Storebæltbrücke).
Besuch des Wikingerboots Ladbyskibet.
Ausflug zur Insel Fünen.
Wanderungen und Radtouren auf Fünen.
Baden in der Ostsee.

Schloss Traneklaer

Am Großen Belt

Westseeland

Tour 9

Seit 1998 ist Seeland mit Fünen und Jütland durch die Brücke über den Großen Belt (Storebaelt) verbunden. Zehn Minuten benötigt der Wohnmobilfahrer von einem zum anderen Ufer. Auf der Insel haben kilometerlange Strände und endlose Dünenlandschaften eine besondere Anziehungskraft, ein Paradies für Strandurlauber, Schwimmer, Surfer, Segler und Angler.

2 Millionen Menschen wohnen auf der Insel, die Hälfte aller Dänen, davon 1,5 Millionen im Einzugsgebiet von Kopenhagen.

Wahrzeichen der Stadt Korsor, der Brückenkopf im Westen der Insel, sind die mächtigen Pfeiler der Brücke über den Großen Belt. Über die Planung und den Bau der Brücke kann man sich im Ausstellungszentrum Großer Belt kurz vor der Brückenauffahrt informieren. Als Ausgleich für die verlorene Fährschifffahrt wurde ein langer Kai für Kreuzfahrtschiffe und unzählige Hafenarkaden für den Einkaufsbummel geschaffen.

Von der mittelalterlichen Festung blieben nur der Burgturm und ein Magazingebäude erhalten. Im Königshof (Kongegarden) blieben die Herrscher, wenn sie im Mittelalter wegen Sturm oder Flaute den Großen Belt nicht überqueren konnten. In der Altstadt sind noch andere Kaufmannshöfe und Fachwerkhäuser zu besichtigen.

Am Bootshafen von Korsor hat der Wohnmobiltourist die Möglichkeit, sein Fahrzeug abzustellen und zu übernachten (**WS-1**). Auch auf den Lkw-Parkplätzen in der Nähe der Autobahn kann das Mobil ver- und entsorgt werden (**WS-2** und **WS-3**). Das Übernachten ist dort allerdings nicht möglich.

Ein Boot am Kran

Ein schöner Stellplatz wurde am Bootshafen von Skaelskor mit Ver- und Entsorgung und Stromanschluss eingerichtet (**WS-4**). Am breiten Strand von Kobaek kann man den Tag bei schönem Wetter genießen oder bei weniger gutem Wetter einen Bummel durch die alte Stadt unternehmen.

Bei Slagelse sind die Wikinger zu Hause. König Harald Blauzahn ließ 980 den militärischen Stützpunkt Trelleborg mit Palisaden, Wall und Graben anlegen. 500 Soldaten, Frauen und Kinder fanden Platz in der Ringburg. Langhäuser in der Vor- und Hauptburg und ein Gräberfeld sind ausgegraben worden. Im Museum wird das Leben in der Festung dargestellt. Für Aktive werden Schießen mit dem Wikinger Bogen, Brotbacken nach uralter Art und Rudern mit Wikingerbooten angeboten. In der Stadt Slagelse sind die romanische St. Peter Kirche und die gotische St. Michael Kirche sehenswert.

Am Großen Belt

Auf den Autobahn-Raststätten Tuelso Syd (**WS-5**) und Nord (**WS-6**) bei Soro sind für Wohnmobile Ver- und Entsorgungsmöglichkeiten eingerichtet worden. Das Kloster Soro am gleichnamigen See wurde 1161 gegründet. In der romanisch-gotischen Marienkirche des Klosters fanden berühmte dänische Persönlichkeiten ihre letzte Ruhe.

Ringsted war früher die Verwaltungshauptstadt Seelands, Begräbnisstätte der dänischen Könige und eine der mächtigsten Städte Dänemarks. An diese ruhmreiche Vergangenheit erinnern drei große Thingsteine am Rathaus. 27 dänische Könige wurden in der gotischen Bendts Kirche zur letzten Ruhe gebettet. Als Hauptstadt wurde Ringsted von Kopenhagen, als königliche Begräbnisstätte von Roskilde abgelöst.

Das Wichtelland bei Ringsted erfreut die kleinen Urlauber im Märchengarten, im Cowboyland mit Bisons und Pferden und im größten Weihnachtsland Europas. Mechanische Puppen bevölkern als Zwerge, Wichtel, Weihnachtsmänner, Engel, Märchenfiguren und als lustige Fabelwesen das Kinderland.

Westseeland

Zwei Tage dürfen Wohnmobilurlauber auf dem sehr schön und ruhig gelegenen Mobilplatz in Munke Bjergby bleiben (**WS-7**). Entsorgung, Frischwasserversorgung und Stromanschlüsse sind vorhanden.

Ein privater Wohnmobil- und Caravanplatz wurde in St. Fuglede angelegt (**WS-8**). Im nahen See kann gebadet und geangelt werden. An der Nordwestspitze Seelands, am Bootshafen von Sjaellands Odde, darf das Mobil mit Blick auf den Hafen abgestellt werden (**WS-9**). Geschäfte, Tankstelle und eine Gaststätte sind in der Nähe.

Nykobing Sjaelland liegt auf einer Halbinsel, die weit ins Kattegat hineinragt. Lange Sandstrände und unzählige Ferienhäuser locken Urlauber zum längeren Verweilen. Im Fischerhafen Havnebyen wird jeden Tag frischer Fisch angelandet und versteigert. Mit der Fähre erreicht man auf dem anderen Ufer des Isefjords Hundested und fährt von hier aus in kurzer Zeit nach Kopenhagen. Ruhig schläft man auf dem Stellplatz am Bootshafen (**WS-10**). Wasserversorgung und Stromanschlüsse sind vorhanden. In einigen Geschäften kann man die Vorräte ergänzen, in den Gaststätten im Hafenviertel lässt man sich verwöhnen.

Tour 9

Westseeland

Tour 9: **Westseeland**

Nr.	Ort, Bezeichnung	Stell-plätze	Gast-haus	Häu-ser	WC	Bad See	Orts-nähe	Ent-sorg.	Park-dauer	Park-gebühr
		A					B		C	D
WS-1	Korsor, Lystbadehavn **	3	+	+	+	-	x	+	1	100
WS-2	Korsor, Lkw-Stellplatz *	5	+	-	+	-	x	+	-	0
WS-3	Korsor, Lkw-Stellplatz *	5	+	-	+	-	x	+	-	0
WS-4	Skaelskor, Bootshafen ***	3	+	+	+	-	x	+	1	110
WS-5	Soro, Raststätte Tuelso Syd *	10	+	-	+	-	x	+	1	0
WS-6	Soro, Raststätte Tuelso Nord *	10	+	-	+	-	x	+	1	0
WS-7	Munke Bjergby, Poulsen ****	5	-	+	-	-	x	+	2	0
WS-8	St.Fuglede, Christiansen **	3	-	+	-	+	x	-	1	65
WS-9	Sjaellands Odde, Bootshafen **	3	+	+	+	-	15	-	1	85
WS-10	Nykobing Sjaelland, Bootshafen ***	5	+	+	-	+	10	-	1	P

Legende

****	sehr ruhige und sehr schöne Lage.
***	sehr ruhige und schöne Lage.
**	ruhige und gute Lage.
*	keine ruhige Lage.
A	Stellplätze gestaffelt nach 3, 5, 10, 20, 30, 50 Wohnmobilen. Dabei wird angenommen, dass nur die Hälfte des Platzes zur Verfügung steht und die andere Hälfte durch PKW belegt ist.
B	Fußweg in Minuten, x über 15 min Fußweg.
C	Aufenthaltsdauer in Tagen.
D	Stellplatzgebühr in Dänischen Kronen pro Wohnmobil und 24 Stunden oder Parkgebühr.
P	Parkgebühr in der Saison.
T	Aufenthaltsdauer einige Tage.
U	Aufenthaltsdauer unbegrenzt.

4220 Korsor Lystbadehavn ** WS - 1

Wohnmobilplatz am Bootshafen in ruhiger und schöner Lage.

Auf der E 20 Richtung Kopenhagen fahren und an der Ausfahrt Korsor abfahren. Links abbiegen auf die 150 Richtung Slagelse. Rechts Richtung Centrum und wieder rechts Richtung Museum fahren. Noch 950 m bis zum Hafen **(Sylowsvej 10)**.
Koordinaten: 55° 19,58' Nord, 11° 07,88' Ost.

Häuser, Kiosk und Restaurant am Hafen.
Müllbehälter am Stellplatz.
Ver- und Entsorgung am Platz.
Stromversorgung: 10 DKK.
Sanitäranlage am Platz.
Informationstafel am Platz.
Spielplatz am Stellplatz.
Asphaltierte, ebene und gerade Stellflächen für 3 Mobile.
Parkgebühr: 100 DKK pro Übernachtung
(zahlbar bei der Hafenmeisterei/Kontor).
Ganzjährig zugänglich.
Besuch der Storebæltbrückenbauausstellung.
Besuch der Vikingerburg in Trelleborg.
Baden in der Ostsee.
Wanderungen und Radtouren auf Seeland.
Informationen: Tel. 58 37 59 30.

442o Korsor Autobahn E20 Korsor * WS - 2

Parkplatz auf einem Lkw-Stellplatz an der Ausfahrt Halskov (43).

Aus Richtung Kopenhagen an der letzten Ausfahrt (Halskov, 43) vor der Brücke zum Lkw-Stellplatz abfahren (**Storebaeltsvej 44**).
Koordinaten: 55° 21,00' Nord, 11° 7,34' Ost.

Raststätte am Platz.
Tankstelle und Verkaufsshop OK.
Ebene Stellflächen für 5 Mobile.
Ver- und Entsorgung am Stellplatz.
Wasserversorgung am Platz.
Mülltonnen am Stellplatz.
Keine Parkgebühr.
Keine Übernachtungsmöglichkeit.
Besichtigung von Slagelse. Brücken zum Festland,
Hindsgavl Slot, Nikolai Kirke, KeramikMuseum, Stadtmuseum.
Fahrt nach Kobenhagen.
Rundfahrt auf Seeland.
Ausflug über die Insel Fünen.

4420 Korsor Autobahn E20 Korsor * WS - 3

Parkplatz auf einem Lkw-Stellplatz in der Nähe der Autobahn E20.

Aus Richtung Fünen (Odense) von der Autobahn E20 an der ersten Ausfahrt nach der Brücke (43, Halskov) zu dem Lkw-Stellplatz abfahren (**Storebaeltsvej 70**).
Koordinaten: 55° 20,86' Nord, 11° 7,12' Ost.

Raststätte am Platz.
Tankstelle und Verkaufsshop Q8.
Ebene Stellflächen für 5 Mobile.
Ver- und Entsorgung am Stellplatz.
Wasserversorgung am Platz.
Mülltonnen am Stellplatz.
Keine Übernachtungsmöglichkeit.
Keine Parkgebühr.
Besichtigung von Slagelse. Brücken zum Festland,
Hindsgavl Slot, Nikolai Kirke, Keramik Museum, Stadtmuseum.
Fahrt nach Kobenhagen.
Rundfahrt auf Seeland.
Ausflug über die Insel Fünen.

4230 Skaelskor Bootshafen *** WS - 4

Wohnmobilplatz am Bootshafen in ruhiger und sehr schöner Lage.

Auf der 265 Richtung Naestved fahren. In Skaelskor rechts Richtung Centrum/Bureau abbiegen. Noch 200 Meter bis zum Platz neben dem Restaurant **(Havnevej 20)**.
Koordinaten: 55° 15,13' Nord, 11° 17,41' Ost.

Häuser, Kiosk und Restaurant am Hafen.
Müllbehälter am Stellplatz.
Ver- und Entsorgung am Platz.
Stromversorgung am Platz.
Sanitäranlage am Platz. Duschmünzen beim Hafenkontor.
Informationstafel vorhanden.
Geschotterte, ebene und gerade Stellflächen für 3 Mobile.
Parkgebühr: 110 DKK pro Übernachtung.
(alles inklusive, zahlbar bei der Hafenmeisterei/Briefkasten).
Besuch der Storebaeltbrückenbauausstellung in Halskov.
Besuch der Vikingerburg in Trelleborg.
Baden in der Ostsee.
Wanderungen und Radtouren auf Seeland.
Informationen: Tel. 58 19 42 04, 20 93 55 92.

4180 Soro Autobahn E20 Tuelso Syd * WS - 5

Übernachtungsplatz an der Raststätte Tuelso Syd.

Von der Auffahrt 37 (Soro) in östliche Richtung zur Raststätte Tuelso Syd fahren und an der Ausfahrt 36 (Ringsted) wieder abfahren.
Koordinaten: 55° 27,31' Nord, 11° 35,82' Ost.

Raststätte am Platz.
Tankstelle und Verkaufsshop Hydro Texaco.
Ebene Stellflächen für 10 Mobile.
Ver- und Entsorgung am Stellplatz.
Wasserversorgung und WC am Platz.
Mülltonnen am Stellplatz.
Aufenthaltsdauer 1 Nacht.
Keine Parkgebühr.
Besichtigung von Slagelse: Hindsgavl Slot, Nikolai Kirke, Keramik Museum, Stadtmuseum.
Fahrt nach Kobenhagen.
Rundfahrt auf Seeland.
Ausflug zur Insel Fünen.
Informationen: Tel. 57 84 53 53.

4180 Soro Autobahn E20 Tuelso Nord * WS - 6

Übernachtungsplatz an der Raststätte Tuelso Nord.

Von der Auffahrt 36 (Ringsted) in westliche Richtung zur Raststätte Tuelso Nord fahren und an der Ausfahrt 37 (Soro) wieder abfahren.
Koordinaten: 55° 27,31' Nord, 11° 36,43' Ost.

Raststätte am Platz.
Tankstelle und Verkaufsshop Statoil.
Ebene Stellflächen für 10 Mobile.
Ver- und Entsorgung am Stellplatz.
Wasserversorgung und WC am Platz.
Mülltonnen am Stellplatz.
Aufenthaltsdauer 1 Nacht.
Keine Parkgebühr.
Besichtigung von Slagelse: Hindsgavl Slot, Nikolai Kirke, Keramik Museum, Stadtmuseum.
Fahrt nach Kobenhagen.
Rundfahrt auf Seeland.
Ausflug zur Insel Fünen.
Informationen: Tel. 57 84 54 68.

4190 Munke Bjergby Poulsen **** WS - 7

Privater **Wohnmobilplatz** in sehr ruhiger und sehr schöner Lage.

Auf der 150 Richtung Slagelse fahren. In Soro abbiegen auf die 219 Richtung Kalundborg. Geradeaus auf die 57 Richtung Holbaek, dann links abbiegen Richtung Munke Bjergby. Noch 1,7 km bis zum Stellplatz links **(Dojringevej 40 A)**.
Koordinaten: 55° 29,83' Nord, 11° 33,00' Ost.

Häuser und Boutique am Platz.
Müllbehälter am Platz. 3 DKK oder 0,5 € pro Tüte Restmüll.
Ver- und Entsorgung am Platz
(20 DKK für max. 100 Liter Frischwasser).
Stromversorgung: 30 DKK oder 4 €.
Aufenthaltsdauer max. 2 Tage.
Stellflächen für 5 Mobile auf Wiese.
Keine Parkgebühr.
Picknickbänke und kleiner Spielplatz vorhanden.
Besuch der Kirche in Soro.
Besuch der Vikingerburg in Trelleborg.
Wanderungen und Radtouren auf Seeland.
Fahrt nach Kopenhagen.
Rundfahrt auf Seeland.
Informationen: Tel. 57 80 70 44.

4480 St. Fuglede Christiansen ** WS - 8

Privater **Wohnmobil- und Caravanplatz** an einem Bauernhof in ruhiger und schöner Lage.

Auf der 22 Richtung Kalundsborg fahren. 12 km vor Kalundsborg rechts Richtung St. Fuglede abbiegen. In der Ortsdurchfahrt wird der Platz erreicht **(Sovang 7)**.
Koordinaten: 55° 35,16' Nord, 11° 14,88' Ost.

Häuser am Platz.
Wasserversorgung möglich.
Geschotterte, gerade Stellflächen für 3 Mobile oder Caravan.
Parkgebühr: 65 DKK für 24 Stunden.
See in der Nähe.
Besuch der Vor Frue Kirke in Kalundborg.
Baden und angeln im See.
Wanderungen und Radtouren auf Seeland.
Fahrt nach Kopenhagen.
Rundfahrt auf Seeland.
Ausflug zur Insel Fünen.
Informationen: Tel. 59 59 80 38.

4583 Sjaellands Odde Bootshafen ** WS - 9

Wohnmobilplatz am Bootshafen in ruhiger und schöner Lage.

Auf der 21 Richtung Sjaellands Odde fahren. Rechts Richtung Havnebyen abbiegen. Nach 1,9 km rechts in den Osterhavnevej Richtung Oddenhavn. Die Straße rechts verlassend in die Sackgasse fahren. Noch 250 m bis zum Platz **(Osterhavnevej)**.
Koordinaten: 55° 58,29' Nord, 11° 22,14' Ost.

Häuser am Platz.
Blick auf den Hafen.
Restaurant und Lebensmittelgeschäft in der Nähe.
Tankstelle und Bank im Ort.
15 Gehminuten zur Innnenstadt.
Wasserversorgung und Sanitäranlage am Platz.
Stromversorgung am Platz.
Picknickbänke und Grillstelle am Platz
Stellflächen für 3 Mobile auf geschottertem Gelände.
Parkgebühr: 85 DKK für 24 Stunden
(zahlbar beim Hafenmeister Christensen).
Wanderungen und Radtouren auf Seeland.
Baden im Kattegatt.
Fahrt nach Kopenhagen.
Rundfahrt auf Seeland.

4500 Nykobing Sjaelland Bootshafen *** WS - 10

Wohnmobilplatz am Bootshafen in ruhiger und sehr schöner Lage.

In Nykobing Richtung Station fahren. Am Bahnhof geradeaus Richtung 225. An der Rechtskurve geradeaus in den Hafen fahren. Nach 400 m rechts dem Schild Havn folgen und geradeaus auf den Wohnmobilplatz fahren **(Korvetvej 15)**.
Koordinaten: 55° 54,90' Nord, 11° 40,32' Ost.

Häuser am Platz.
Restaurant im Hafen.
Lebensmittel im Ort. 10 Gehminuten.
Wasserversorgung und Stromversorgung am Platz.
Stellflächen für 5 Mobile auf geschottertem Gelände.
Parkgebühr.
Spielplatz in der Nähe.
Badestrand am Hafen.
Fahrt zum Isefjord (Segeln und Baden).
Wanderungen und Radtouren auf Seeland.
Fahrt nach Kobenhagen.
Rundfahrt auf Seeland.

Zwischen Dänemark und Schweden
Ostseeland
Tour 10

In Helsinggor am Oresund nähert man sich Schweden auf wenige Kilometer. Von Kopenhagen verbindet die Autobahnbrücke nach Malmö das Land mit Schweden. Die Ostküste der Insel ist nördlich von Kopenhagen dicht besiedelt.

In der Mitte der Insel erwartet Roskilde, Stadt der Wikinger und der Könige, die Touristen. Berühmte Sehenswürdigkeiten sind der mächtige Dom und das Museum der Wikingerschiffe. Im Mittelalter war Roskilde die Residenz der dänischen Könige und Sitz des Bischofs von Seeland. Im Dom zu Roskilde wurden viele Monarchen begraben. Auf Grund der günstigeren Lage am Meer gewann Kopenhagen das Rennen um die Hauptstadt des Inselreiches.

1170 wurde der Bau des romanischen St.-Lukas-Domes begonnen. Später wurden Erweiterungsbauten aller Stilrichtungen hinzugefügt. Heute ist der Dom Weltkulturerbe der UNESCO. Die wichtigsten Sehenswürdigkeiet sind die barocke Orgel, das Grabmal Margarethes I., das Chorgestühl und die Dreikönigskapelle. In der Stadt sollte man auch das Rathaus von 1880, den barocken Roskilde Palais von 1733, die Kaufmannsgasse (Kobmandsgard) und die Liebfrauenkirche aus dem 11. Jahrhundert besuchen.

Berühmt ist das Wikingerschiffsmuseum unmittelbar am Fjordufer. In der Ausstellungshalle befinden sich fünf im Roskilde-Fjord versenkte, 1962 gehobene und restaurierte Wikingerboote. Zwei nachgebaute Schiffe wurden 2004 zu Wasser gelassen und können als Museumsschiffe besichtigt werden. Für Besucher stehen auch die Bootswerft, eine Seilerei und Segelmacherei und die archäologische Werkstatt zur Verfügung. Mit einem nostalgischen Dampfer werden Ausflüge auf dem langgestreckten Fjord bis Frederikssund angeboten.

In Kirke Hyllinge (**OS-1**) und in Frederikssund (**OS-2**) haben Wohnmobilurlauber die Möglichkeit, ihre Fahrzeuge abzustellen und zu übernachten. An den Häfen Lynaes (**OS-3**) und Hundested (**OS-4**) an der Fjordmündung wurden in ruhiger und schöner Umgebung weitere Stellplätze für Mobile eingerichtet.

An der gesamten Nordküste Seelands zieht sich ein nicht endenwollender weißer Sandstrand entlang. Hohe Dünen schützen die Küste hinter dem Strand vor den ständigen Windboen. In Gilleleje sind die Heringsfischer zu Hause. Im lebendigen Hafen werden ständig Heringe angelandet, in den Fabriken werden die Fische verarbeitet und im Museum erfährt man die Geschichte der Fischerei in den vergangenen Jahrhunderten. Ein sehr schöner Wohnmobil- und Caravanplatz wurde in der Stadt eingerichtet (**OS-5**).

Hornbaek am Kattegat hat sich zu einem beliebten Seebad entwickelt. Alte Fischerhäuschen zeugen von vergangenen Zeiten. In zwanzig Minuten erreicht man von Helsingor mit der Fähre über den 4,5 km breiten Oresund das schwedische Festland. Die Attraktion der Stadt ist das Schloss Kronborg, Ort der Handlung des Dramas Hamlet von Shakespeare. Mit den Zolleinnahmen aus der Oresund-Durchfahrt konnte um 1600 die Festung Kronborg gebaut werden.

Fachwerkhäuser in der Altstadt, der Dom von 1559, das Karmeliterkloster, das Marienlyst Schloss und das Kronborg Schloss erinnern an diese glanzvollen Zeiten. An der schmalsten Stelle des Sunds besticht das Schloss Kronborg durch seine geschlossene, harmonische Anlage. Bei der Besichtigung beeindrucken besonders die prächtigen Königsgemächer, der riesige Rittersaal, die Schlosskapelle, das Alabasterrelief der Kreuzigung über dem Altar und der Trompeterturm, von dem man einen Panoramablick über die Stadt und den Oresund genießt.

Schloss Amalienborg in Kopenhagen

Die kleine Meerjungfrau

An der Ostküste von Seeland südlich von Helsingor in Humlebaek findet der Wohnmobiltourist einen guten und ruhigen Übernachtungsplatz (**OS-6**). Von diesem Stellplatz aus kann man auch zum Besuch von Kopenhagen starten.

Wahrzeichen der Weltstadt mit Charme ist die Kleine Seejungfrau, die bekannteste Dänin in der Welt. Sie sitzt auf einem Stein im Meer und blickt voller Sehnsucht hinaus auf die See. Die Figur wurde 1913 nach der Märchenfigur "Den Lille Havfrue" nach H. C. Andersen in Bronze gegossen. Eine Meeresnixe verliebte sich in einen Prinzen und rettete ihn aus Seenot. Da er ihre Liebe nicht erwiderte, musste die Meerjungfrau das Land der Menschen, das Land ihrer Sehnsucht, wieder verlassen.

Mit den Vororten hat die Stadt 1,5 Millionen Einwohner, 25 % der dänischen Bevölkerung wohnt in der Metropole. Die Regierung, das Königshaus und das Parlament haben ihren Sitz in Kopenhagen. Die Stadt ist auch Kulturzentrum und Zentrum der Wirtschaft.

Ostseeland

Über die imposante Oresundbrücke wird seit 2000 die Verbindung zwischen Dänemark und Schweden hergestellt. Von Stockholm über Kopenhagen nach Flensburg und zu allen europäischen Metropolen wurde dadurch eine durchgehende Autobahnverbindung geschaffen.

Die vielen Sehenswürdigkeiten in Kopenhagen sind in unzähligen Reiseführern beschrieben. Hier sollen deshalb nur die wichtigsten Highlights aufgelistet werden:

- Schloss Amalienborg: Vier Rokoko-Palais, Residenz der Königsfamilie seit 1794.
- Wachablösung am Schloss Amalienborg.
- Schloss Christiansborg: Sitz des Dänisches Parlamentes.
- Nationalmuseum: Sonnenwagen von Trundholm, Runen der Wikinger, Gundestrup Kessel.
- Tivoli: Berühmter Vergnügungspark.
- Stroget: Europas längste und Dänemarks berühmteste Einkaufsmeile.
- Ny Carlsberg Glyptotek: Ägyptische Funde, römische Skulpturen, Meisterwerke der Malerei.
- Nyhavn: Vergnügungsviertel am Hafen.
- Kleine Meerjungfrau (Den Lille Havfrue).
- Rosenborg Schloss mit den Kronjuwelen.
- Kongens Have: Grünanlagen im Zentrum.
- Statens Museum for Kunst: Große Meister der Malerei, Rubens, Tizian, Nolde.
- Besuchszentrum der Carlsbergbrauerei: Besichtigung, Biermuseum, Kostproben.
- Amagertorv: Royal Copenhagen Porzellan, Ausstellung und Verkauf.

In Kopenhagen wurde ein Stellplatz eingerichtet, der leider nur vom 1. Juni bis zum 1. September geöffnet ist (**OS-7**). Südlich von Kopenhagen hat der Urlauber im Mobil zwischen zwei ruhig und schön gelegenen Plätzen zu wählen, am Bootshafen in Valensbaek Strand (**OS-8**) und am Bootshafen von Greve (**OS-9**). Wasser- und Stromversorgung sind vorhanden. Gaststätten und Badestrände sind in kurzer Zeit zu erreichen.

Wer die einsame Lage nicht scheut, kann das rollende Zuhause auch am Amphitheater bei Hedehusene abstellen (**OS-10**). Im Sommer finden im Theater Aufführungen statt und auf einer Fahrt mit der alten Oldtimereisenbahn kann man Eisenbahn-Romantik genießen.

Zur Entsorgung des Wohnmobils fährt man auf die Autobahn-Raststätten Karlslunde Ost oder Vest (**OS-11** und **OS-12**). Auf einem Bauernhof bei Skensved kann man ebenfalls übernachten und sein Fahrzeug ent- und versorgen (**OS-13**). Von hier aus startet man die Besichtigung von Roskilde oder Kopenhagen oder setzt die Fahrt zu den Inseln Mon, Falster und Lollund fort.

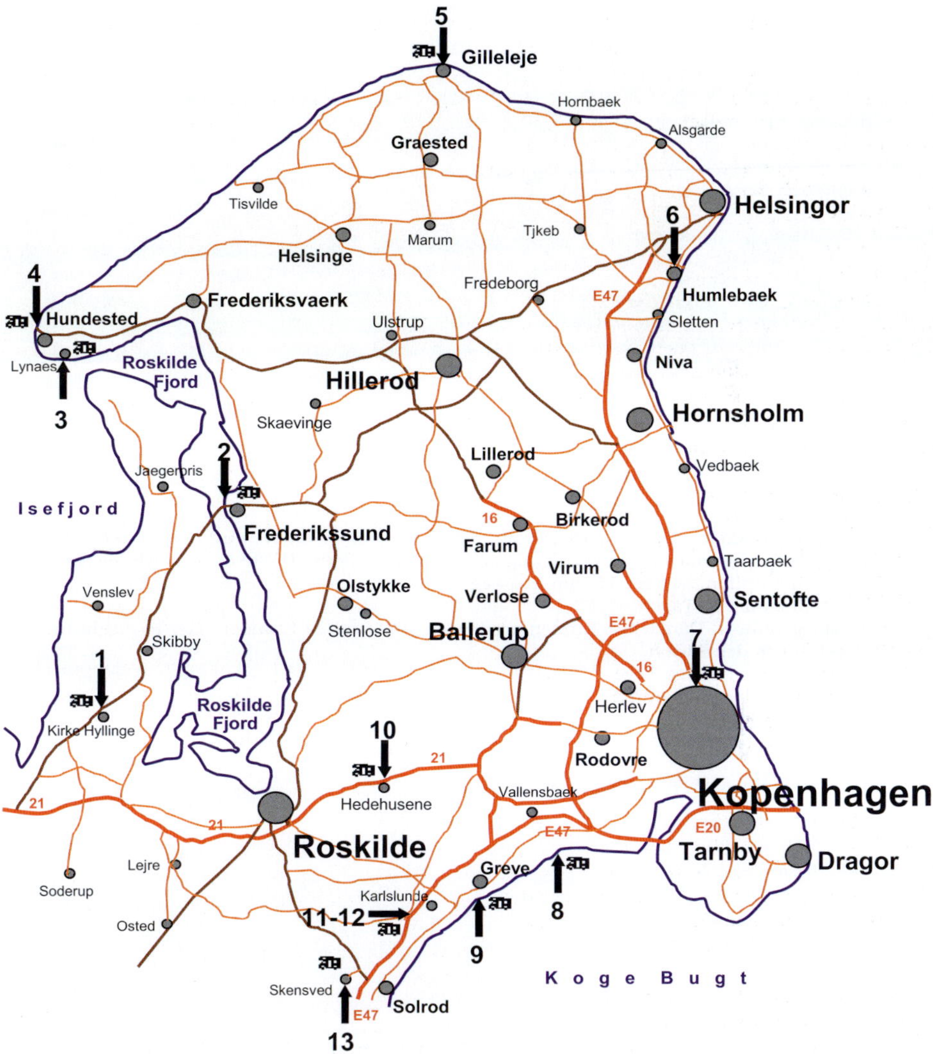

Tour 10

Ostseeland

…nd

	…nnung	Stell-plätze	Gast-haus	Häu-ser	WC	Bad See	Orts-nähe	Ent-sorg.	Park-dauer	Park-gebühr
		A					B		C	D
OS-1	Kirke Hyllinge, Bootshafen **	3	+	+	+	-	x	-	U	60
OS-2	Frederikssund, Lystbadehavn **	5	+	+	+	-	x	-	1	80
OS-3	Hundested Lynaes, Bootshafen ***	10	+	+	+	+	x	-	1	P
OS-4	Hundested, Bootshafen ***	3	-	+	+	+	x	+	1	P
OS-5	Gilleleje, Christensen ***	10	-	+	+	-	x	-	1	P
OS-6	Humlebaek, Dvinge ***	5	-	+	-	-	x	-	1	P
OS-7	Kobenhavn ved Tivoli, City Camp *	10	+	+	-	-	x	+	1	P
OS-8	Vallensbaek, Lystbadehavn ***	10	+	+	+	-	x	-	1	P
OS-9	Greve, Lystbadehavn ***	3	+	+	+	+	x	-	1	P
OS-10	Hedehusene, Amfiteatret ***	20	-	-	-	-	x	-	1	0
OS-11	Karlslunde, Rast. Karlslunde Ost *	10	+	-	+	-	x	+	1	0
OS-12	Karlslunde, Rast. Karlslunde Vest *	10	+	-	+	-	x	+	1	0
OS-13	Skensved, Riisgard **	3	-	+	-	-	x	+	1	50

Legende

****	sehr ruhige und sehr schöne Lage.
***	sehr ruhige und schöne Lage.
**	ruhige und gute Lage.
*	keine ruhige Lage.
A	Stellplätze gestaffelt nach 3, 5, 10, 20, 30, 50 Wohnmobilen. Dabei wird angenommen, dass nur die Hälfte des Platzes zur Verfügung steht und die andere Hälfte durch PKW belegt ist.
B	Fußweg in Minuten, x über 15 min Fußweg.
C	Aufenthaltsdauer in Tagen.
D	Stellplatzgebühr in Dänischen Kronen pro Wohnmobil und 24 Stunden oder Parkgebühr.
P	Parkgebühr in der Saison.
T	Aufenthaltsdauer einige Tage.
U	Aufenthaltsdauer unbegrenzt.

4070 **Kirke Hyllinge** Bootshafen **

Wohnmobilplatz am Bootshafen in ruhiger und schöner Lage.

Auf der E21/23 Richtung Kopenhagen die Ausfahrt 15 (Gerninge) nehmen. Richtu ren. In Saeby nach Gershoj fahren. 1,3 km nach dem Ortsausgangsschild Ge Richtung Havn. Nach 200 m wird der Hafen erreicht **(Havnevej 5)**.
Koordinaten: 55° 42,96' Nord, 11° 58,75' Ost.

Häuser am Platz.
Restaurant und Kiosk in der Nähe.
Müllbehälter und WC am Platz.
Informationstafel am Hafen.
Aufenthaltsdauer unbegrenzt.
Geschotterte, ebene Stellflächen für 3 Mobile.
Parkgebühr: 60 DKK für die erste Nacht.
2 Übernachtungen 100 DKK.
Blick auf den Hafen.
Besuch von Selsø Slot bei Skibby.
Fahrt zum Schloss Ledreborg in Lejre.
Besichtigung von Roskilde: Dom, Vikingermuseum, Lützhofts Kobmandsgard.
Schiffsfahrten auf dem Roskildefjord.
Wanderungen und Radtouren auf Seeland.

3600 **Frederikssund** Lystbadehavn ** OS - 2

Wohnmobilplatz am Bootshafen in ruhiger und schöner Lage.

Auf der 53 nach Frederikssund und in Frederikssund rechts Richtung Havn fahren. Im Kreisel rechts Richtung Stationen abbiegen. Nach 1 km rechts abbiegen in den Strandlystvej nach Marbaek Lystbadehavn. Dem Wohnmobilsymbol folgen. Noch 450 m bis zum Platz rechts **(Strandlystvej 26 D)**.
Koordinaten: 55° 49,63' Nord, 12° 03,77' Ost.

Häuser am Platz.
Blick auf den Hafen.
Restaurant und Kiosk am Platz.
Sanitäranlage mit Dusche und Müllbehälter am Platz.
Stromversorgung: 20 DKK.
Stellflächen für 5 Mobile auf geschotterten, ebenen Stellflächen.
Parkgebühr: 80 DKK.
Golfplatz in 5 km.
Besuch von Selsø Slot bei Skibby.
Wandern im Wald Nordskoven.
Besuch des Schloss Jægerspris.
Radtouren auf Seeland.
Besuch der Vikingerspiele (Mitte Juni bis Anfang Juli).
Informationen: Tel. 47 31 20 66.

Hundested Lynaes **Bootshafen** *** OS - 3

Wohnmobilplatz am Bootshafen in ruhiger und sehr schöner Lage.

Auf der 16 nach Hundested fahren. 2 km vor Hundested links abbiegen Richtung Lynaes Havn. Nach 2 km links (Lynaes Havn) fahren. Noch 350 m bis zum Stellplatz **(Havnevej 15 B)**.
Koordinaten: 55° 56,55' Nord, 11° 51,89' Ost.

Blick auf den Hafen.
Häuser am Platz.
Lebensmittelgeschäft und Fischgeschäft am Platz (täglich 7-18 Uhr).
Restaurant und Kiosk am Hafen.
Ver- und Entsorgung und Müllbehälter am Platz.
Sanitäranlage mit Dusche am Stellplatz.
Stromversorgung vorhanden.
Informationstafel im Hafen.
Stellflächen für 10 Mobile auf Wiese.
Parkgebühr.
Badestrand und Spielplatz vorhanden.
Wandern im Wald Nordskoven.
Besuch des Schloss Jægerspris.
Radtouren auf Seeland.

3390 Hundested **Bootshafen** *** OS - 4

Wohnmobilplatz am Bootshafen in ruhiger und sehr schöner Lage.

Auf der 16 nach Hundested fahren. 100 m vor dem Hafen links abbiegen Richtung Lynaes. Noch 50 m bis zum Platz rechts **(Havnegade 8)**.
Koordinaten: 55° 57,92' Nord, 11° 50,92' Ost.

Blick auf den Hafen.
Häuser am Platz.
Lebensmittelgeschäft Aldi 200 m.
Fischrestaurant am Hafen.
Ver- und Entsorgung und Müllbehälter am Platz.
Sanitäranlage mit Dusche am Stellplatz.
Münzwaschsalon am Platz.
Stromversorgung vorhanden.
Stellflächen für 3 Mobile auf geschottertem, ebenem Gelände.
Parkgebühr.
Badestrand, Bocciabahn und Liegewiese vorhanden.
Haustiere willkommen.
Segeln möglich.
Wandern im Wald Nordskoven.
Besuch des Schloss Jægerspris.
Radtouren auf Seeland.
Informationen: Tel. 47 93 72 34, 21 23 72 34.

3250 Gilleleje Christensen *** OS - 5

Privater **Wohnmobil- und Caravanplatz** in sehr ruhiger und schöner Lage.

Auf der 251 nach Gilleleje fahren. 3 km vor Gilleleje rechts Richtung Soborg und nach 1 km links abbiegen zum Platz **(Alekistevej 24)**.
Koordinaten: 56° 06,07' Nord, 12° 19,34' Ost.

Häuser am Platz.
Müllbehälter am Platz.
Wasserversorgung möglich.
Sanitäranlage vorhanden.
Stromversorgung am Platz.
Geschotterte, ebene Stellflächen für 10 Mobile.
Parkgebühr (zahlbar von 16-21 Uhr und 6-12 Uhr).
In der Saison geöffnet: 01.05.-01.10.
Galerie und kleiner Ententeich am Stellplatz.
Besichtigungen von Dronningmolle.
Besichtigung von Hornbaek.
Wanderungen und Radtouren auf Seeland.
Baden in der Ostsee.
Informationen: Tel. 48 30 30 64.

3050 Humlebaek Dvinge *** OS - 6

Wohnmobilplatz an einem Bauernhof in ruhiger und sehr schöner Lage.

Auf der 229 Richtung Horsholm fahren. Nach 1,8 km vor der Autobahnbrücke links abbiegen in den Storemosen. Noch 100 m bis zum Stellplatz **(Storemosen 3)**.
Koordinaten: 55° 57,05' Nord, 12° 29,64' Ost.

Häuser am Platz.
Angelsee am Stellplatz.
Müllbehälter am Platz.
Wasserversorgung möglich.
Stellflächen für 5 Mobile auf Wiese.
Parkgebühr.
Besichtigung der Kronborg in Helsingor.
Besuch der Schlösser Fredensborg und Frederiksborg.
Fahrt nach Kopenhagen: Tivoli, Ny Carlsberg Glyptotek, Nationalmuseum, Schloss Amalienborg mit Wachwechsel um 12 Uhr, Meerjungfrau, Opernhaus, Alte Börse, Schloss Rosenborg, Planetarium.
Wanderungen und Radtouren auf Seeland.
Baden in der Ostsee.
Informationen: Tel. 49 14 23 95.

2450 Kobenhavn Tivoli City Camp * OS - 7

Wohnmobilplatz in Kopenhagen.

In Kopenhagen auf der O2 wird der Platz am Fisketorvet erreicht **(Vasbygade/Fisketorvet)**.
Koordinaten: 55° 36,62' Nord, 12° 33,44' Ost.

Häuser am Platz.
Geschäfte und Restaurant in der Nähe.
Straßengeräusche.
Müllbehälter am Platz.
Ver- und Entsorgung und Sanitäranlage am Platz.
Stromversorgung vorhanden.
Informationstafel am Platz.
Stellflächen für 10 Mobile auf asphaltiertem Parkplatz.
Parkgebühr.
Aufenthaltsdauer: 24 Stunden. Geöffnet vom 01.06.-01.09.
Besichtigung: Tivoli, Ny Carlsberg Glyptotek, Nationalmuseum, Schloss Amalienborg mit Wachwechsel um 12 Uhr, Meerjungfrau, Opernhaus, Alte Börse, Schloss Rosenborg, Planetarium.
Besuch des Tierparks Zoologisk Have.
Besuch des Danmarks Akvarium.
Besuch des Jagdschlosses Eremitage.
Wandern im Waldgebiet Dyrehaven.
Baden in der Ostsee.
Informationen: Tel. 21 42 53 84.

2665 Vallensbaek Strand Lystbadehavn *** OS - 8

Wohnmobilplatz am Bootshafen in ruhiger und sehr schöner Lage.

Auf der E20 Kobenhavn-Odense Ausfahrt 25 Vallenbaek Syd nehmen. Auf die O3 Richtung Vallenbaek /Ishoj fahren. Nach 400 m links Richtung Vallenbaek Strand. Geradeaus Richtung Vallenbaek Havn. Noch 400 m bis zum Hafen **(Vallenbaeks Havnevej 15 B)**.
Koordinaten: 55° 36,69' Nord, 12° 23,84' Ost.

Blick auf den Hafen. Häuser am Platz.
Lebensmittelgeschäft, Restaurant und Kiosk am Hafen.
Müllbehälter am Platz.
Wasserversorgung und Stromversorgung am Platz.
Sanitäranlage am Stellplatz.
Stellflächen für 5 Mobile auf geschottertem Gelände.
Parkgebühr inklusive Strom.
Grillplätze, Spielplatz, Fahrradverleih in der Nähe.
Tankstelle in der Nähe.
Großer Badestrand am Hafen.
Spielplatz vorhanden.
Besichtigung: Kunstmuseum Arken (15 Gehminuten).
Fahrt nach Kopenhagen: Tivoli, Ny Carlsberg Glyptotek, Nationalmuseum, Schloss Amalienborg mit Wachwechsel um 12 Uhr, Meerjungfrau, Opernhaus, Alte Börse, Schloss Rosenborg, Planetarium.
Besuch des Tierparks Zoologisk Have.
Baden in der Ostsee.
Wanderungen und Radtouren auf Seeland.
Informationen: Tel. 43 54 35 75.

2670 Greve Lystbadehavn *** OS - 9

Wohnmobilplatz am Bootshafen in ruhiger und sehr schöner Lage.

Auf der 151 von Kopenhagen nach Koge fahren. 20 km vor Koge links Richtung Hundige Strand abbiegen. Nach 1 km rechts nach Hundige Havn. Noch 200 m bis zum Platz **(Hejren 24)**.
Koordinaten: 55° 35,59' Nord, 12° 21,22' Ost.

Blick auf den Hafen.
Häuser am Platz.
Lebensmittelgeschäft am Platz.
Restaurant und Kiosk am Hafen.
Müllbehälter am Platz.
Wasserversorgung und Sanitäranlage am Stellplatz.
Stromversorgung möglich.
Informationstafel im Hafen.
Stellflächen für 3 Mobile auf gepflastertem Gelände.
Parkgebühr.
Badestrand und Spielplatz in der Nähe.
Besichtigung: Kunstmuseum Arken.
Besichtigung von Kopenhagen: Tivoli, Ny Carlsberg Glyptotek, Nationalmuseum, Schloss Amalienborg mit Wachwechsel um 12 Uhr, Meerjungfrau, Opernhaus, alte Börse, Schloss Rosenborg, Planetarium.
Besuch des Tierparks Zoologisk Have.
Baden in der Ostsee.
Wanderungen und Radtouren auf Seeland.
Rundfahrt über Seeland.
Informationen: Tel. 43 90 86 18 oder 43 90 67 59.

2640 Hedehusene/Tune Amfiteatret *** OS - 10

Übernachtungsplatz am Amphitheater in sehr ruhiger und schöner Lage.

Auf der E20 Kobenhavn-Odense Ausfahrt 29 Greve Syd nehmen. Auf der 217 Richtung Roskilde fahren. Im Kreisel rechts Richtung Staerkende. Nach 1,5 km links in den **Tranemosevej** (Amfiteatret) fahren.
Koordinaten: 55° 37,33' Nord, 12° 10,41' Ost.

Einsame Lage.
Stellflächen für 20 Mobile auf Wiesengelände.
Keine Parkgebühr.
Wandern im bewaldeten Naturschutzgebiet.
Besichtigung: Amphitheater, Oldtimereisenbahn.
Besuch einer Aufführung.
Besichtigung von Roskilde: Dom, Vikingermuseum, Lützhofts Kobmandsgard.
Schiffsfahrten auf dem Roskildefjord.
Besuch des Kulturhaus Portalen in Greve.
Besuch des Kunstmuseum in Arken.
Besichtigung von Kopenhagen: Tivoli, Ny Carlsberg Glyptotek, Nationalmuseum, Schloss Amalienborg mit Wachwechsel um 12 Uhr, Meerjungfrau, Opernhaus, alte Börse, Schloss Rosenborg, Planetarium.
Rundfahrt über Seeland.
Fahrt zur Ostsee.
Wanderungen und Radtouren auf Seeland.

2690 Karlslunde Autobahn E47 Karlslunde Ost * OS - 11

Übernachtungsplatz auf der Raststätte Karlslunde Ost.

Von der Auffahrt 30 (Solrod Nord) in nördliche Richtung zur Raststätte Karlslunde Ost fahren und an der Ausfahrt 29 (Greve Süd) wieder abfahren.
Koordinaten: 55° 33,60' Nord, 12° 13,81' Ost.

Raststätte am Platz.
Tankstelle und Verkaufsshop Hydro Texaco.
Ebene Stellflächen für 10 Mobile.
Ver- und Entsorgung am Stellplatz.
Wasserversorgung am Platz.
Mülltonnen am Stellplatz.
Aufenthaltsdauer 1 Nacht.
Keine Parkgebühr.
Besichtigung von Roskilde: Dom, Vikingermuseum, Lützhofts Kobmandsgard.
Besichtigung von Kopenhagen: Tivoli, Ny Carlsberg Glyptotek, Nationalmuseum, Schloss Amalienborg mit Wachwechsel um 12 Uhr, Meerjungfrau, Opernhaus, alte Börse, Schloss Rosenborg, Planetarium.
Rundfahrt auf Seeland.
Informationen: Tel. 46 15 46 68.

2690 Karlslunde Autobahn E47 Karlslunde Vest * OS - 12

Übernachtungsplatz auf der Raststätte Karlslunde Vest.

Von der Auffahrt 29 (Greve Süd) in südliche Richtung zur Raststätte Karlslunde Vest fahren und an der Ausfahrt 30 (Solrod Nord) wieder abfahren.
Koordinaten: 55° 33,73' Nord, 12° 13,84' Ost.

Raststätte am Platz.
Tankstelle und Verkaufsshop Shell.
Ebene Stellflächen für 10 Mobile.
Ver- und Entsorgung am Stellplatz.
Wasserversorgung am Platz.
Mülltonnen am Stellplatz.
Aufenthaltsdauer 1 Nacht.
Keine Parkgebühr.
Besichtigung von Roskilde: Dom, Vikingermuseum, Lützhofts Kobmandsgard.
Besichtigung von Kopenhagen: Tivoli, Ny Carlsberg Glyptotek, Nationalmuseum, Schloss Amalienborg mit Wachwechsel um 12 Uhr, Meerjungfrau, Opernhaus, alte Börse, Schloss Rosenborg, Planetarium.
Rundfahrt auf Seeland.
Informationen: Tel. 46 15 40 10.

4623 LL. Skensved Riisgaard ** OS - 13

Wohnmobilplatz an einem Bauernhof in sehr ruhiger Lage.

Auf der E20 Kobenhavn-Odense Ausfahrt 31 Solrod Syd nehmen. Auf die 6 Richtung Roskilde fahren. Nach 300 m links Richtung Lille/Skensved. Nach 2,8 km in Naurbjerg rechts Richtung Kr. Skensved abbiegen. Nach 2 km links Richtung LL Skensved. Nach 500 m rechts Richtung St. Ladager. Noch 1,3 km bis zum Platz **(Rugbjergvej 5 a)**.
Koordinaten: 55° 31,39' Nord, 12° 05,63' Ost.

Häuser am Platz.
Müllbehälter am Platz.
Ver- und Entsorgung am Stellplatz.
Stromversorgung: 15 DKK.
Stellflächen für 3 Mobile auf Wiese.
Parkgebühr: 50 DKK für 24 Stunden.
Besichtigung von Roskilde: Dom, Vikingermuseum, Lützhofts Kobmandsgard.
Schiffsfahrten auf dem Roskildefjord.
Besichtigung von Kopenhagen: Tivoli, Ny Carlsberg Glyptotek, Nationalmuseum, Schloss Amalienborg mit Wachwechsel um 12 Uhr, Meerjungfrau, Opernhaus, alte Börse, Schloss Rosenborg, Planetarium.
Fahrt zur Ostsee.
Wanderungen und Radtouren auf Seeland.

Fischkutter im Hafen

Die Inseln im Süden

Südseeland, Mon, Falster und Lolland

Tour 11

Die Alte Börse in Kopenhagen

Von Kopenhagen fährt die S-Bahn bis zur 40 Kilometer entfernten Hafenstadt Koge. Ein Bummel durch die Altstadt von Koge lässt das Mittelalter deutlich sichtbar werden. Am Torvet, in der Brogade, in der Vestergade und in der Kirkestraede stehen Kaufmannshöfe, Speicher und Bürgerhäuser in prächtigen Fachwerkkonstruktionen. Als Leuchturm und Seezeichen diente früher die gotische Nikolai Kirche. Das Koge Museum zeigt Silber-Erzeugnisse und eine Textilsammlung aus dem 17. Jahrhundert und das Kunstmuseum Skulpturen, Modelle und Zeichnungen dänischer Künstler.

15 Kilometer lang sind die 40 Meter hohen Kreidefelsen (Stevns Klint) am Ende der Halbinsel Stevns. Die 1357 erbaute Kirche von Hojerup verlor einen Teil des Kirchenschiffs durch den Einsturz einer Klippe. Der Rest des Gotteshauses am Rande des Felsens beeindruckt heute die schaulustigen Touristen aus aller Welt.

Die Kleinstadt Fakse ist durch das Faxe-Bier, ein besonderes Pilsner, bekannt geworden. Nicht nur das Bier, sondern vor allem die langen Sandstrände am Nordufer der Fakse Bugt locken heute die Urlauber in diesen Ort. Im Museum sind außerdem Fossilien aus dem Kreideriff, gefunden beim Tageabbau in den Kalkgruben, zu sehen. An der Autobahn-Raststätte Fiberhus Vest bei Haslev kann der Wohnmobiltourist sein rollendes Zuhause von überflüssigen Abwässern befreien und mit dem notwendigen Frischwasser versorgen (**SF-1**).

Südseeland, Mon, Falster und Lolland

Naestved, der Hauptort in Südseeland, besitzt das älteste erhaltene Rathaus aus dem 15. Jahrhundert und das letzte mittelalterliche Gildehaus Dänemarks. Ein Gang durch die engen Gassen der Altstadt führt an der spätromanischen Mortens Kirche mit einer geschnitzten Kanzel und einem schönen Altarbild, an den Steinbuden, Reihenhäuser aus Backsteinen, an der Löwenapotheke im Stil der niederländischen Renaissance und an vielen Antiquitätenläden vorbei. Am Stadtrand kann man das 1135 gegründete Benediktinerkloster, heute ein Internat, bewundern.

Ein besonderes Erlebnis ist die Fahrt mit dem Kanu auf dem naturbelassenen Fluss Susa. Auf einer Insel liegt, nur mit der Fähre zu erreichen, das Rokoko-Schloss Gavno. Kostbare Möbel, eine gut ausgestattete Bibliothek und eine umfangreiche Gemäldesammlung sind zu besichtigen.

Eine Übernachtungsmöglichkeit besteht in Lundby Udby an einem Gasthaus (**SF-2**). Das Fahrzeug kann an den Raststätten Tappernoje Ost (**SF-3**) und Tappernoje Vest (**SF-4**) entsorgt werden.

Nur Ruinen, Reste der Ringmauer und ein Turm erinnern heute noch an die älteste und mächtigste Festung Dänemarks Vordingborg vor der Brücke zur Insel Falster, erbaut von Valdemar dem Großen, um der deutschen Hanse zu trotzen. Aus Backsteinen ist die Liebfrauenkirche (Vor Frue Kirke) um 1400 erbaut worden.

Vor dem Übergang zur Insel Mon wurde in Kalvehave ein Stellplatz mit Blick auf das Brückenbauwerk eingerichtet (**SF-5**). In Stege, Hauptort von Mon, kann das Schlafmobil an einem Bauernhof abgestellt werden (**SF-8**). Sehenswert sind in Stege die St.-Hans-Kirche und das Monmuseum mit archäologischen Funden und handwerklichen Kunstgegenständen.

Wie Bornholm wird auch Mon wegen seiner Kreidefelsen und seiner Steilküsten viel besucht. Stetig nagt das Meer an den bis zu 129 Meter hohen Kreideklippen und verändert den Küstenverlauf ständig. Der schönste Strand der Insel erstreckt sich im Norden auf der Landzunge Ulvshale. In der kleinen Keldby Kirche sind Fresken mit weltlichen Motiven aus dem 13. und 15. Jahrhundert, eine Arbeit des Elmelunde Meisters, zu bewundern.

Von den Fresken in der Kirche von Elmelunde sind die Besucher überwältigt. Ein unbekannter Künstler, heute Meister von Elmelunde genannt, hat in der Kirche eine wahre Orgie von bunten Malereien, meistens schaurige Szenen aus der Bibelgeschichte als Mahnung an die Kirchenbesucher angebracht. Von diesem genialen Maler sind viele Kirchen in Mon, Lolland und Seeland ausgeschmückt worden.

An der Südküste sollte man das idyllische Fischerdorf Klintholm Have aufsuchen. Fischläden und Fischräuchereien bieten zu jeder Zeit frische und geräucherte Ware an. Am Hafen darf der Wohnmobilurlauber sein Schlafmobil abstellen. Gaststätten, Geschäfte und der Badestrand sind schnell zu erreichen (**SF-6**).

Im Hafen von Klintholm Have

Südseeland, Mon, Falster und Lolland

Das Highlight der Insel ist Mons Klint, eine 12 Kilometer lange Wand aus weißer Kreide. Bei Sonnenaufgang tauchen die Sonnenstrahlen die Felsen in romantische Rottöne, dann wechseln Orange und Gelb ab bis die Kreideklippen in blendendem Weiß erstrahlen.

Im Süden der Insel Mon sieht man wieder Malereien des Elmelunde Meisters in der Fanefjord Kirche. Bibelbilder wechsel ab mit Szenen aus dem Alltagsleben, der Klatsch zweier Frauen wird eifrig vom Teufel aufgeschrieben.

An der Autobahn-Raststätte Faro kann das rollende Hotel auf der Überfahrt zur Insel Falster ent- und versorgt werden (**SF-7**). Falster ist eine flache Insel mit endlos langen Sandstränden, getrennt von Lolland durch den schmalen Guldborg Sund.

Im Hauptort Nykobing Falster sollte man die gotische Franziskanerkirche von 1482, das Zaren Haus (Czarens Hus), so genannt nach einem Besuch Peter des Großen von Rußland und das Falster Museum, ein Abriss der Geschichte der Insel, besuchen.

Zur Übernachtung in Nykobing fährt man auf einen Bauernhof (**FN-9**). Einen sehr ruhigen und schönen Stellplatz findet man in Norre Alslev im nördlichen Teil von Falster (**FN-10**).

Die drittgrößte Insel Lolland ist fast überall flach und fruchtbar, ein ideales Wander- und Radler-Gebiet. Die schönsten Strände und die besten Surf- und Segelreviere liegen an der Südküste. In Rodbyhavn landen die Fähren der Vogelfluglinie von Puttgarden auf Fehmarn nach einstündiger Seereise. Viel Spaß garantiert das große Freizeit- und tropische Badezentrum Lalandia westlich des Fährhafens.

Inmitten einer Seenlandschaft liegen die Ruinen des Brigittinenklosters und der spätgotische Dom von Maribo. Zum Hafen Bandholm und zum großen afrikanischen und asiatischen Knuthenborg Safaripark fährt eine nostalgische Eisenbahn. Der Wohnmobiltourist findet in Vesterburg und am Jachthafen in Nakskov Tars zwei sehr ruhige, in einer reizvollen Umgebung gelegene Stellplätze (**SF-11** und **SF-12**). In Nakskov kann auch das Wohnmobil von allem überflüssigen Ballast befreit werden. Am Badestrand erholen sich die Wohnmobilurlauber ein letztes Mal von den Fahrten und den Besichtigungstouren. Über Rodbyhavn erreichen sie mit der Fähre in einer Stunde heimatliche Gefilde.

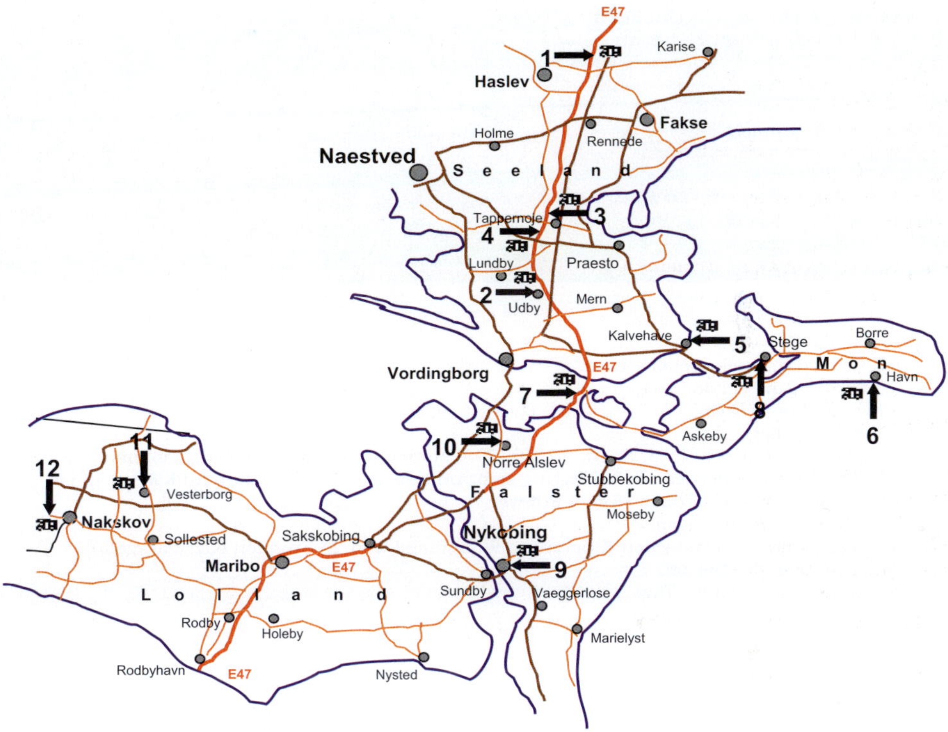

Tour 11

Südseeland, Mon, Falster und Lolland

Tour 11: **Südseeland, Mon, Falster und Lolland**

Nr.	Ort, Bezeichnung	Stell-plätze	Gast-haus	Häu-ser	WC	Bad See	Orts-nähe	Ent-sorg.	Park-dauer	Park-gebühr
		A					B		C	D
SF-1	Haslev, Raststätte Fiberhus Vest *	10	+	-	+	-	x	+	1	0
SF-2	Lundby Udby Kro, Gasthaus *	5	+	-	+	-	x	-	1	0
SF-3	Tappernoje, Rast. Tappernoje Ost *	10	+	-	+	-	x	+	1	0
SF-4	Tappernoje, Rast. Tappernoje Vest *	10	+	-	+	-	x	+	1	0
SF-5	Kalvehave, Lystbadehavn **	3	+	+	-	+	x	-	1	P
SF-6	Borre, Jachthafen **	3	+	+	-	+	x	-	1	P
SF-7	Bogo By, Raststätte Faro *	10	+	-	+	-	x	+	1	0
SF-8	Stege, Jensen **	3	-	+	-	-	x	-	1	P
SF-9	Nykobing Falster, Petersen **	5	-	+	-	-	x	-	1	P
SF-10	Norre Alslev, Jacobsen ***	3	-	+	-	-	x	-	1	P
SF-11	Vesterborg, Clausen ***	3	-	+	-	-	x	-	1	70
SF-12	Nakskov Tars, Jachthafen ***	3	+	+	+	+	x	-	1	90

Legende

****	sehr ruhige und sehr schöne Lage.
***	sehr ruhige und schöne Lage.
**	ruhige und gute Lage.
*	keine ruhige Lage.
A	Stellplätze gestaffelt nach 3, 5, 10, 20, 30, 50 Wohnmobilen. Dabei wird angenommen, dass nur die Hälfte des Platzes zur Verfügung steht und die andere Hälfte durch PKW belegt ist.
B	Fußweg in Minuten, x über 15 min Fußweg.
C	Aufenthaltsdauer in Tagen.
D	Stellplatzgebühr in Dänischen Kronen pro Wohnmobil und 24 Stunden oder Parkgebühr.
P	Parkgebühr in der Saison.
T	Aufenthaltsdauer einige Tage.
U	Aufenthaltsdauer unbegrenzt.

4690 Haslev Autobahn E47 Fiberhus Vest * SF - 1

Übernachtungsplatz auf der Raststätte Fiberhus Vest.

Von der Auffahrt 35 (Haslev) in südliche Richtung zur Raststätte Fiberhus fahren und an der Ausfahrt 36 (Bregentved) wieder abfahren.
Koordinaten: 55° 19,54' Nord, 12° 2,14' Ost.

Raststätte am Platz.
Tankstelle und Verkaufsshop Info-Teria.
Ebene Stellflächen für 10 Mobile.
Ver- und Entsorgung am Stellplatz.
Wasserversorgung am Platz.
Mülltonnen am Stellplatz.
Aufenthaltsdauer 1 Nacht.
Keine Parkgebühr.
Besichtigung von Ringsted, Kobe, Faksel und Naestved.
Besichtigung von Kopenhagen: Tivoli, Ny Carlsberg Glyptotek, Nationalmuseum, Schloss Amalienborg mit Wachwechsel um 12 Uhr, Meerjungfrau, Opernhaus, Alte Börse, Schloss Rosenborg, Planetarium.
Rundfahrt auf Seeland.
Informationen: Tel. 56 39 85 85.

4750 Lundby Udby Kro Gasthaus * SF - 2

Privater **Wohnmobilplatz** hinter einem Gasthaus in schöner Lage.

Auf der E47/E55 fahren. Ausfahrt 40 Udby nehmen. Rechts auf die 151. Noch 400 m bis zum Gasthaus **(Kobenhavnsvej 588)**.
Koordinaten: 55° 04,84' Nord, 11° 57,60' Ost.

Restaurant am Platz.
Geräusche von der Straße.
Wasserversorgung möglich.
WC, Bad, Waschmaschine, Trockner gegen Gebühr im Restaurant vorhanden.
Geschotterte, ebene Stellflächen für 5 Mobile.
Besuch von Schloss Nysö bei Praesto.
Besuch des Gänseturms von Vordingborg und des Botanischer Garten.
Besichtigung von Ringsted, Kobe, Faksel und Naestved.
Fahrt zur Ostsee.
Wanderungen und Radtouren auf Seeland.
Rundfahrt auf Seeland.
Keine Parkgebühr.
Informationen: Tel. 55 98 10 43.

4733 Tappernoje Autobahn E47 Tappernoje Ost * SF - 3

Übernachtungsplatz auf der Raststätte Tabernoje Ost.

Von der Auffahrt 38 (Tabernoje) in nördliche Richtung zur Raststätte Tappernoje Ost fahren und an der Ausfahrt 37 (Ronnede) wieder abfahren.
Koordinaten: 55° 9,97' Nord, 11° 57,53' Ost.

Raststätte am Platz.
Tankstelle und Verkaufsshop Statoil.
Ebene Stellflächen für 10 Mobile.
Ver- und Entsorgung am Stellplatz.
Wasserversorgung am Platz.
Mülltonnen am Stellplatz.
Aufenthaltsdauer 1 Nacht.
Keine Parkgebühr.
Besichtigung von Ringsted, Kobe und Faksel.
Besichtigung von Naestved: Mortens Kirke, Stenboderne,
Apostelhuset, Kählers Keramik, Gavne Slot,
Naestved Museum, BonBon Land.
Fahrt nach Kopenhagen.
Rundfahrt auf Seeland.
Informationen: Tel. 55 96 58 00.

4733 Tappernoje Autobahn E47 Tappernoje Vest * SF - 4

Übernachtungsplatz auf der Raststätte Tabernoje Vest.

Von der Auffahrt 38 (Tabernoje) in südliche Richtung zur Raststätte Tappernoje Vest fahren und an der Ausfahrt 39 (Barse) wieder abfahren.
Koordinaten: 55° 10,13' Nord, 11° 57,40' Ost.

Raststätte am Platz.
Tankstelle und Verkaufsshop Statoil.
Ebene Stellflächen für 10 Mobile.
Ver- und Entsorgung am Stellplatz.
Wasserversorgung am Platz.
Mülltonnen am Stellplatz.
Aufenthaltsdauer 1 Nacht.
Keine Parkgebühr.
Besichtigung von Ringsted, Kobe und Faksel.
Besichtigung von Naestved: Mortens Kirke, Stenboderne,
Apostelhuset, Kählers Keramik, Gavne Slot,
Naestved Museum, BonBon Land.
Fahrt nach Kopenhagen.
Rundfahrt auf Seeland.
Informationen: Tel. 55 96 60 75.

4771 Kalvehave Lystbadehavn ** SF - 5

Wohnmobilplatz am Jachthafen in ruhiger und sehr schöner Lage.

Auf der 59 Richtung Mon fahren. In Kaldehave im Kreisel geradeaus Richtung Havn auf den Hafenparkplatz fahren **(Lystbadehavn)**. Koordinaten: 54° 59,71' Nord, 12° 10,03' Ost.

Blick auf den Hafen.
Häuser am Platz.
Lebensmittelgeschäft, Restaurant und Kiosk am Stellplatz.
Müllbehälter und Wasserversorgung am Platz.
Stromversorgung möglich.
Tankstelle im Ort.
Stellflächen für 3 Mobile auf geschottertem Gelände.
Parkgebühr beim Hafenmeister entrichten.
Aufenthaltsdauer: 1 Übernachtung.
Badestrand.
Segelmöglichkeit.
Fahrt zur Insel Mon.
Besuch der Kirche von Fanefjord auf Mon.
Besuch des Motorcykel- og Radiomuseet in Stubbekobing.
Baden in der Ostsee.
Wanderungen und Radtouren auf Seeland.
Informationen: Tel. 55 38 84 60, 20 29 84 60.

4791 Borre Jachthafen ** SF - 6

Wohnmobilplatz am Jachthafen in ruhiger und sehr schöner Lage.

Von der 287 von Stege nach Mons in Richtung Klintholm Havn abbiegen. 4 km bis Klintholm Havn fahren. Am Ende der Straße rechts Richtung Marina Fiskerihavn abbiegen. Noch 300 m bis zum Hafen **(Dortheavej 15)**. Koordinaten: 54° 57,17' Nord, 12° 27,93' Ost.

Blick auf den Hafen.
Häuser am Platz.
Lebensmittelgeschäft und Bank am Platz.
Restaurant und Kiosk am Hafen.
Müllbehälter am Platz.
Stellflächen für 3 Mobile auf geschottertem Gelände.
Parkgebühr.
Badestrand in der Nähe.
Besuch von Schloss Liselund.
Wanderungen und Radtouren auf Mon.
Baden in der Ostsee.
Besichtigung der Dorfkirche von Elmelunde:
Fresken, Altar und Kanzel.
Besichtigung der Fanefjord Kirke: Kalkmalereien und Fesken.
Ausflug nach Mons Klint.
Rundfahrt auf der Insel Mon.
Informationen: Tel. 55 81 90 44.

4793 Bogo By Autobahn E47 Faro * SF - 7

Übernachtungsplatz auf der Raststätte Faro.

Von der Auffahrt 42 (Faro) zur Raststätte Faro fahren und an derselben Ausfahrt 42 wieder abfahren. Aus nördlicher und südlicher Richtung zu erreichen.
Koordinaten: 54° 56,91' Nord, 11° 59,28' Ost.

Raststätte am Platz.
Tankstelle und Verkaufsshop Info-Teria.
Ebene Stellflächen für 10 Mobile.
Ver- und Entsorgung am Stellplatz.
Wasserversorgung am Platz.
Mülltonnen am Stellplatz.
Aufenthaltsdauer 1 Nacht.
Keine Parkgebühr.
Besichtigung der Dorfkirche von Elmelunde:
Fresken, Altar und Kanzel.
Besichtigung der Fanefjord Kirke: Kalkmalereien und Fesken.
Ausflug nach Mons Klint.
Rundfahrt auf der Insel Mon.
Rundfahrt auf der Insel Falster.
Rundfahrt auf Seeland.
Informationen: Tel. 55 89 42 43.

4780 Stege Jensen ** SF - 8

Wohnmobilplatz an einem Bauernhof in ruhiger und schöner Lage.

Auf der 287 von Stege nach Mons fahren und in Elmelunde links in den Elmelundevej einbiegen. Noch 600 m bis zum Platz **(Elmelundevej 19)**.
Koordinaten: 55° 00,12' Nord, 12° 24,26' Ost.

Häuser am Platz.
Stellflächen für 3 Mobile auf Wiese.
Parkgebühr.
Blick auf die Felder.
Besuch der Kerzengießerei in Koldby.
Besuch von Schloss Liselund.
Wanderungen und Radtouren auf Mon.
Baden in der Ostsee.
Besichtigung der Dorfkirche von Elmelunde:
Fresken, Altar und Kanzel.
Besichtigung der Fanefjord Kirke:
Kalkmalereien und Fesken.
Ausflug nach Mons Klint.
Rundfahrt auf der Insel Mon.
Rundfahrt auf der Insel Falster.
Rundfahrt auf Seeland.
Informationen: Tel. 55 81 33 21.

4800 Nykobing Falster Petersen ** SF - 9

Wohnmobilplatz an einem Bauernhof in ruhiger und schöner Lage.

Von Horreby nach Sonder Kirkeby fahren. In Sonder Kirkeby Richtung Norre Orslev abbiegen. Nach 1,2 km links in den Ramsvej zum Platz auf der linken Seite abbiegen **(Ramsvej 1)**.
Koordinaten: 54° 46,84' Nord, 11° 58,21' Ost.

Häuser am Platz.
Wasserversorgung: Gebühr 10 DKK.
Keine Parkgebühr.
Ebene und leicht schräge Stellflächen für 5 Mobile auf Wiese.
Blick auf Felder.
Besichtigung von Nykobing: Franziskanerkirche, Zaren-Haus, Falstermuseum.
Wanderungen und Radtouren auf Falster.
Fahrt zur Ostsee.
Ausflug zur Insel Mon.
Ausflug nach Seeland.
Besichtigung des Domes von Maribo.
Informationen: Tel. 25 34 13 13.

4840 Norre Alslev Jacobsen *** SF - 10

Privater **Wohnmobilplatz** in sehr ruhiger und schöner Lage.

Auf der 153 Richtung Guldborg nach Alstrup abbiegen. In Alstrup Richtung Valse dann links Richtung Godthab abbiegen. Noch 1,8 km bis zum Platz **(Godthabsvej 15)**.
Koordinaten: 54° 53,89' Nord, 11° 44,90' Ost.

Häuser am Platz.
Blick auf Felder.
Ver- und Entsorgung vorhanden.
Gerade und ebene Stellflächen für 3 Mobile auf Wiese.
Parkgebühr.
Angelmöglichkeit.
Besichtigung von Nykobing: Franziskanerkirche, Zaren-Haus, Falstermuseum.
Wanderungen und Radtouren auf Falster.
Fahrt zur Ostsee.
Ausflug nach Seeland.
Rundfahrt über Lolland.
Besichtigung des Domes von Maribo.
Ausflug zur Insel Mon.
Informationen: Tel. 54 43 22 09.

4953 Vesterborg Clausen *** SF - 11

Wohnmobilplatz an einem Bauernhof in sehr ruhiger und schöner Lage.

Auf der 9 Richtung Tars fahren. 1,2 km hinter Stokkemarke rechts in den Bollemindevej einbiegen. Noch 2,5 km bis zum Platz links **(Bollesmindevej 19)**.
Koordinaten: 54° 51,37' Nord, 11° 18,98' Ost.

Häuser am Platz.
Wasserversorgung und Müllbehälter am Platz.
Stromversorgung möglich.
Ebene und leicht schräge Stellflächen für 3 Mobile auf geschottertem Gelände.
Parkgebühr: 70 DKK oder 10 € (alles inklusiv).
Blick auf Felder.
Ganzjährig zugänglich.
Besichtigung von Nykobing: Franziskanerkirche, Zaren-Haus, Falstermuseum.
Besichtigung des Doms von Maribo.
Wanderungen und Radtouren auf Lolland.
Rundfahrt über Lolland.
Fahrt zur Ostsee.
Informationen: Tel. 54 71 11 82.

4900 Nakskov Tars Jachthafen *** SF - 12

Wohnmobilplatz am Jachthafen in ruhiger und sehr schöner Lage.

Über die 9 nach Tars fahren. In Tars rechts Richtung Naturcenter abbiegen. Nach 600 m links Richtung Tars Havn abbiegen. Noch 1 km bis zum Platz **(Tarsvej)**.
Koordinaten: 54° 52,69' Nord, 11° 01,41' Ost.

Blick auf den Hafen.
Häuser am Platz.
Restaurant am Hafen.
Stromversorgung und Müllbehälter am Platz.
Ver- und Entsorgung möglich.
Sanitäranlage am Platz.
Stellflächen für 3 Mobile auf geschottertem Gelände.
Parkgebühr: 90 DKK (alles inklusiv).
Badestrand am Platz.
Fähre nach Langeland (2 km).
Besichtigung des Doms von Maribo.
Besichtigung von Nykobing: Franziskanerkirche, Zaren-Haus, Falstermuseum.
Wanderungen und Radtouren auf Lolland.
Baden, segeln, angeln im Langelandbelt.
Rundfahrt über Lolland.

Stellplatzverzeichnis

Band 13: Wohnmobil-Stellplätze Italien

Mittelitalien - Süditalien - Sizilien

Unverbaute, schön gelegene Strände und Buchten, die großartigen kulturellen Sehenswürdigkeiten in der Mitte und im Süden Italiens und auf Sizilien, idyllische Stellplätze für den Strandurlaub an der Adria, am Thyrrenischen und Ionischen Meer und Stellplätze auf Sizilien werden ausführlich beschrieben. Auf ruhig und schön gelegenen Übernachtungsplätzen findet der Wohnmobiltourist Erholung und Entspannung. Ferienlandschaften: Toskana, Latium, Kampanien, Kalabrien, Sizilien, Basilikata, Apulien, Umbrien, Marken.

€ 19,90 — 1. Auflage. ISBN 3-932538-15-3

Band 14: Wohnmobil-Stellplätze Italien

Norditalien: Alpen - Adria - Riviera - Sardinien

Unverbaute, schön gelegene Strände und Buchten, die großartigen kulturellen Sehenswürdigkeiten im Norden Italiens, idyllische Stellplätze für den Strandurlaub an der Adria, an der Riviera, auf Sardinien und Stellplätze für den Winterurlaub in den Alpen werden ausführlich beschrieben. Auf ruhig und schön gelegenen Übernachtungsplätzen findet der Wohnmobiltourist Erholung und Entspannung. Ferienlandschaften: Pustertal, Grödental, Dolomiten, Eggental, Fleimstal, Lago Maggiore, Lago Varese, Lago d'Iseo, Gardasee, Golf von Venedig, Aostatal, Po-Ebene, Po-Delta, Riviera, Adriatische Küste, die Küsten Sardiniens.

€ 19,90 — 3. Auflage. ISBN 3-932538-16-1

Band 15: Wohnmobil-Stellplätze Deutschland Nord

Schleswig-Holstein - Hamburg - Niedersachsen - Bremen

Ferienlandschaften: Nordseeküste - Dithmarschen - Nordfriesland - Angeln - Mittelholstein - Ostseeküste - Lauenburg - Hamburg - Ostfriesland - Friesland - Altes Land - Fehnroute - Ammerland - Unterweser - Lüneburger Heide - Oldenburger Münsterland - Mittelweser - Südheide - Emsland - Teutoburger Wald - Weserbergland - Elm - Westharz. In den Feriengebieten werden Wohnmobilplätze im Norden Deutschlands beschrieben. **Kostenfreie Plätze, Plätze in den Städten und am Strand** werden besonders hervorgehoben. Gleichzeitig ist das Buch ein Reisebericht über deutsche Ferienlandschaften.

€ 17,90 — 4. Auflage. ISBN 3-932538-17-X

Band 16: Wohnmobil-Stellplätze Deutschland West

Nordrhein-Westfalen - Rheinland-Pfalz - Hessen - Saarland

Ferienlandschaften: Münsterland - Niederrhein - Ruhrgebiet - Nordeifel - Bergisches Land - Sauerland - Vulkaneifel - Ahr - Mosel - Mittelrhein - Westerwald - Lahn-Dill-Bergland - Nahe - Werra - Kurhessen - Waldhessen - Taunus - Vogelsberg - Kinzig - Rhön - Deutsche Weinstraße - Pfälzer Wald - Odenwald - Saarland. In den Feriengebieten werden Wohnmobilplätze im Westen Deutschlands beschrieben. **Kostenfreie Plätze, Plätze in den Städten und am See** werden besonders hervorgehoben. Gleichzeitig ist das Buch ein Reisebericht über deutsche Ferienlandschaften.

€ 17,90 — 4. Auflage. ISBN 3-932538-18-8

Band 17: Wohnmobil-Stellplätze Deutschland Ost

Mecklenburg-Vorpommern - Sachsen-Anhalt
Brandenburg - Berlin - Thüringen - Sachsen

Ferienlandschaften: Mecklenburgische Küste - Rügen - Usedom - Oderhaff - Mecklenburger Seen - Altmark - Ostharz - Kyffhäuser - Schorfheide - Havelseen - Berlin - Grünau-Grünheider Seen - Oderbruch - Thüringer Senke - Fläming - Dübener Heide - Sächsische Saale - Thüringer Wald - Spreewald - Oberlausitz - Niederlausitz - Sächsische Schweiz - Erzgebirge - Zittau-Gebirge. In den Feriengebieten werden Wohnmobilplätze im Osten Deutschlands beschrieben. **Kostenfreie Plätze, Plätze in den Städten und am Strand** werden besonders hervorgehoben. Gleichzeitig ist das Buch ein Reisebericht über deutsche Ferienlandschaften.

€ 17,90 5. Auflage. ISBN 978-3-932538-28-5

Band 18: Wohnmobil-Stellplätze Deutschland Süd

Baden-Württemberg - Bayern

Ferienlandschaften: Steigerwald - Tauber - Fränkische Seenland - Frankenwald - Fränkische Schweiz - Vogtland - Fichtelgebirge - Oberpfälzer Wald - Neckar - Altmühl - Nordschwarzwald - Ortenau - Schwäbische Alb - Bayerischer Wald - Oberrhein - Hochschwarzwald - Hotzenwald - Hochrhein - Hegau - Bodensee - Schwaben - Bayerische Seen - Allgäu - Chiemgau - Bayerische Alpen - Berchtesgaden. In den Feriengebieten werden Wohnmobilplätze im Süden Deutschlands beschrieben. **Kostenfreie Plätze, Plätze in den Städten und am Strand** werden besonders hervorgehoben. Gleichzeitig ist das Buch ein Reisebericht über deutsche Ferienlandschaften.

€ 17,90 5. Auflage. ISBN 978-3-932538-26-1

Band 19: Wohnmobil-Stellplätze Spanien

Mittelmeerküste

Schön gelegene Strände und Buchten, die kulturellen Sehenswürdigkeiten in den Städten an der spanischen Küste, idyllische Stellplätze für den Strandurlaub am Mittelmeer. Auf ruhig und schön gelegenen Übernachtungsplätzen findet der Wohnmobilurlauber Erholung und Entspannung.

Ferienlandschaften: Costa Brava - Costa Daurada - Costa del Azahar - Costa de Valencia - Costa Blanca - Costa Càlida - Cost de Almeria - Costa del Sol - Costa de la Luz

€ 19,90 1. Auflage. ISBN 3-932538-21-8

Band 20: Wohnmobil-Stellplätze Benelux

Belgien - Niederlande - Luxemburg

Die Stellplätze eignen sich hervorragend für einen Wanderurlaub in den Ardennen, für Radtouren im flachen Land, für die Besichtigung sehenswerter Städte, für erholsame Badeferien an der Nordseeküste und für Bootstouren und Wassersport auf den zahlreichen Flüssen, Kanälen und Seen.

Alle Plätze wurden selbst aufgesucht und beurteilt. Genaue Beschreibungen der Anfahrt, Straßennamen und Koordinaten erleichtern die Anfahrt. Farbige Fotos von den Stellplätzen geben einen guten Eindruck von den Stellplätzen. Viele Insider-Tipps.

€ 19,90 1. Auflage. ISBN 978-3-932538-22-3

Band 21: Wohnmobil-Stellplätze Frankreich Nord

Somme - Seine - Normandie - Bretagne - Loire - Champagne

Es werden Touren mit dem Wohnmobil im Norden Frankreichs beschrieben. Stellplätze in Städten und Gemeinden, in der Natur, am Meer und am See eignen sich für einen erholsamen Urlaub und für die Besichtigung interessanter Sehenswürdigkeiten. Viele Plätze stehen zum Nulltarif zur Verfügung. Farbige Fotos geben einen guten Eindruck von den Stellplätzen. Anfahrtbeschreibung, Straßennamen und Koordinaten erleichtern die Anfahrt.

€ 19,90 1. Auflage. ISBN 978-3-932538-24-7

Band 22: Wohnmobil-Stellplätze Frankreich Süd

Atlantik - Mittelmeer - Rhone - Doubs - Elsass

Es werden Touren mit dem Wohnmobil im Süden Frankreichs beschrieben. Stellplätze in Städten und Gemeinden, in der Natur, am Meer und am See eignen sich für einen erholsamen Urlaub und für die Besichtigung interessanter Sehenswürdigkeiten. Viele Plätze stehen zum Nulltarif zur Verfügung. Farbige Fotos geben einen guten Eindruck von den Stellplätzen. Anfahrtbeschreibung, Straßennamen und Koordinaten erleichtern die Anfahrt.

€ 19,90 1. Auflage. ISBN 978-3-932538-25-4

Band 23: Wohnmobil-Stellplätze Dänemark

Jütland - Fünen - Langeland - Seeland - Mon - Falster - Lolland

Es werden Touren mit dem Wohnmobil beschrieben. Unverbaute, schön gelegene Strände und Buchten, die großartigen kulturellen Sehenswürdigkeiten in Dänemark, idyllische Stellplätze für den Strandurlaub auf den dänischen Inseln und in Jütland, Stellplätze für Angler an Fischteichen, Plätze für Mobile und Caravan werden ausführlich beschrieben. Auf ruhig und schön gelegenen Übernachtungsplätzen findet der Wohnmobiltourist Erholung und Entspannung. Farbige Stellplatzfotos geben einen guten Eindruck von den Stellplätzen. Koordinaten und Straßennamen erleichtern die Anfahrt.

€ 19,90 1. Auflage. ISBN 978-3-932538-30-8

Bestellung

_____	Band 6:	Wohnmobil-Stellplätze Österreich, Ferienlandschaften	€ 19,90
_____	Band 10:	Wohnmobil-Stellplätze Frankreich - Atlantik, Mittelmeer, Elsaß	€ 9.90
_____	Band 11:	Wohnmobil-Stellplätze Frankreich - Kanalküste, Normandie, Bretagne	€ 9,90
_____	Band 12:	Wohnmobil-Stellplätze Griechenland - Ferienlandschaften	€ 9,90
_____	Band 13:	Wohnmobil-Stellplätze Mittel- und Süditalien mit Sizilien	€ 19,90
_____	Band 14:	Wohnmobil-Stellplätze Norditalien mit Sardinien	€ 19,90
_____	Band 15:	Wohnmobil-Stellplätze Deutschland Nord	€ 17,90
_____	Band 16:	Wohnmobil-Stellplätze Deutschland West	€ 17,90
_____	Band 17:	Wohnmobil-Stellplätze Deutschland Ost	€ 17,90
_____	Band 18:	Wohnmobil-Stellplätze Deutschland Süd	€ 17,90
_____	Band 19:	Wohnmobil-Stellplätze Spanien Mittelmeerküste	€ 19,90
_____	Band 20:	Wohnmobil-Stellplätze Benelux	€ 19,90
_____	Band 21:	Wohnmobil-Stellplätze Frankreich Nord	€ 19,90
_____	Band 22:	Wohnmobil-Stellplätze Frankreich Süd	€ 19,90
_____	Band 23:	Wohnmobil-Stellplätze Dänemark	€ 19,90

Verpackungs- und Versandkostenanteil im Inland 3.90 €, im europäischen Ausland 6,90 € pro Bestellung.
Bei Bestellungen aus dem Inland ab 50 € versandkostenfrei.
Alle Preise gelten zum Zeitpunkt der Drucklegung.

____

Absender ____

____

_______________ _______________________________

Datum Unterschrift

Einzugsermächtigung (nur im Inland) oder Scheck in Höhe von Euro .... ist beigefügt.

____

Alle Bücher erhalten Sie über den Buchhandel
oder gegen Einzugsermächtigung oder Verrechnungsscheck
direkt vom RID-Verlag, Mühlköppelstraße 18, 63674 Altenstadt.
Telefon (06047) 1696, Fax (06047) 1697, e-mail: ridverlag@aol.com, internet: www.ridverlag.de

Auf vielen Reisen erfreuen wir uns an schönen Landschaften, sehenswerten Städten und historischen Stätten und sind glücklich, wenn wir die passenden Stellplätze dazu finden. Sie, liebe Leserin, lieber Leser, haben durch unsere genaue Beschreibung keinen Stress bei der Suche nach einem geeigneten Stellplatz. Sie parken und übernachten ruhig und entspannt auf den von uns angebotenen Wohnmobil-Stellplätzen und genießen Ihre Urlaubstage.

Trotz aller gründlichen Recherchen können sich die Verhältnisse an den Stellplätzen geändert haben. Wir bitten Sie, uns solche Veränderungen mitzuteilen, damit diese bei der nächsten Auflage berücksichtigt werden können. Bei aller Sorgfalt kann für die Vollständigkeit und Richtigkeit aller Angaben keine Gewähr übernommen werden. Alle Angaben im Buch gelten zum Zeitpunkt der Drucklegung.

Wir wünschen unseren Lesern erholsame Urlaubstage und ungestörte Nächte auf den angebotenen Stellplätzen in Dänemark.

Heute hier und morgen dort,
immer unterwegs und doch zuhause.

In Dänemark mit dem Wohnmobil reisen,
in Jütland, auf Fünen, Langeland,
Seeland, Mon, Falster oder Lolland
erinnert uns an erholsame Tage in der Natur,
am Strand und in den Häfen.
Die Erlebnisse in den Städten,
die kulturellen Höhepunkte und die Sehenswürdigkeiten
bleiben unvergessen.